Auf dem Brocken
Hexen, Harz und Heine

Marc Dannenbaum

In Kooperation mit der
Brockenhaus gGmbH

Wie nähert man sich einem Berg?

Der Brocken. Einfach nur ein Berg? Allein schon der Name! Wer es mit einem Brocken zu tun bekommt, dem steht ein hartes Stück Arbeit bevor. Ein Brocken ist spröde, ihn zu bewältigen, kostet Kraft, am besten zerlegt man ihn in Stücke, denn als Ganzes kommt man ihm nicht bei. Genau so rücken wir dem höchsten Berg des Harzes zu Leibe. Wir spalten seine grandiose Erscheinung in einzelne Facetten auf.

Was ist das für ein Ding, das da mitten in der norddeutschen Tiefebene 1.141 Meter aufragt? Was hat dieses Massiv hierher verschlagen, dessen Gipfel immerhin jenseits der Waldgrenze liegt? Warum spielt der Brocken in den deutschen Wetterberichten eine so prominente Rolle? Welche Pflanzen und Tiere halten es unter den hier herrschenden extremen Bedingungen überhaupt aus? Welche Wege führen auf den Brocken? Warum ist der Berg mit dem Schicksal der Deutschen im vergangenen Jahrhundert so stark verbunden? Warum übte er auf Literaten eine immense Anziehung aus? Und nicht zuletzt: Was ist dran an den Mythen, die sich um seinen Gipfel ranken – am Hexentreiben zum Beispiel?

Wir suchen Antworten und finden sie bei einem Rundgang über den Brockengipfel, bei Gesprächen mit Menschen, für die der Brocken ein Teil ihres Lebens ist, und vor allem bei einem Besuch im Brockenhaus. Einst als streng geheime Abhörstation gebaut, beherbergt es heute ein Informationszentrum ganz besonderer Art. Es lädt Jung und Alt, Brockenneulinge und alte Hasen, Wanderer und Bahnfahrer, eben alle, die auf den Berg kommen, ein zur interaktiven Annäherung an Natur, Geschichte und Mythos des Brockens.

Dieses Büchlein bietet viel aus dem Wissensspeicher des Brockenhauses zum Nachlesen. Es fügt der Ausstellung allerdings einige subjektive Sichten bei. Denn eins ist sicher: Der Brocken teilt seine Geheimnisse jedem auf andere Art mit. Finden Sie heraus, welche Geheimnisse der Brocken Ihnen offenbart! Wir helfen Ihnen dabei.

An dieser Stelle möchten Verlag und Autor allen danken, die dieses Buch möglich gemacht haben. Das gilt ganz besonders für den ersten betrieblichen Leiter des Brockenhauses, Gerd Borchert, seinen Nachfolger, Christoph Lampert, und den Mitarbeitern des Nationalpark Harz, Dr. Hans-Ulrich Kison, Sylke Mattersberger, Frank Steingaß und Dr. Friedhart Knolle.

Inhalt

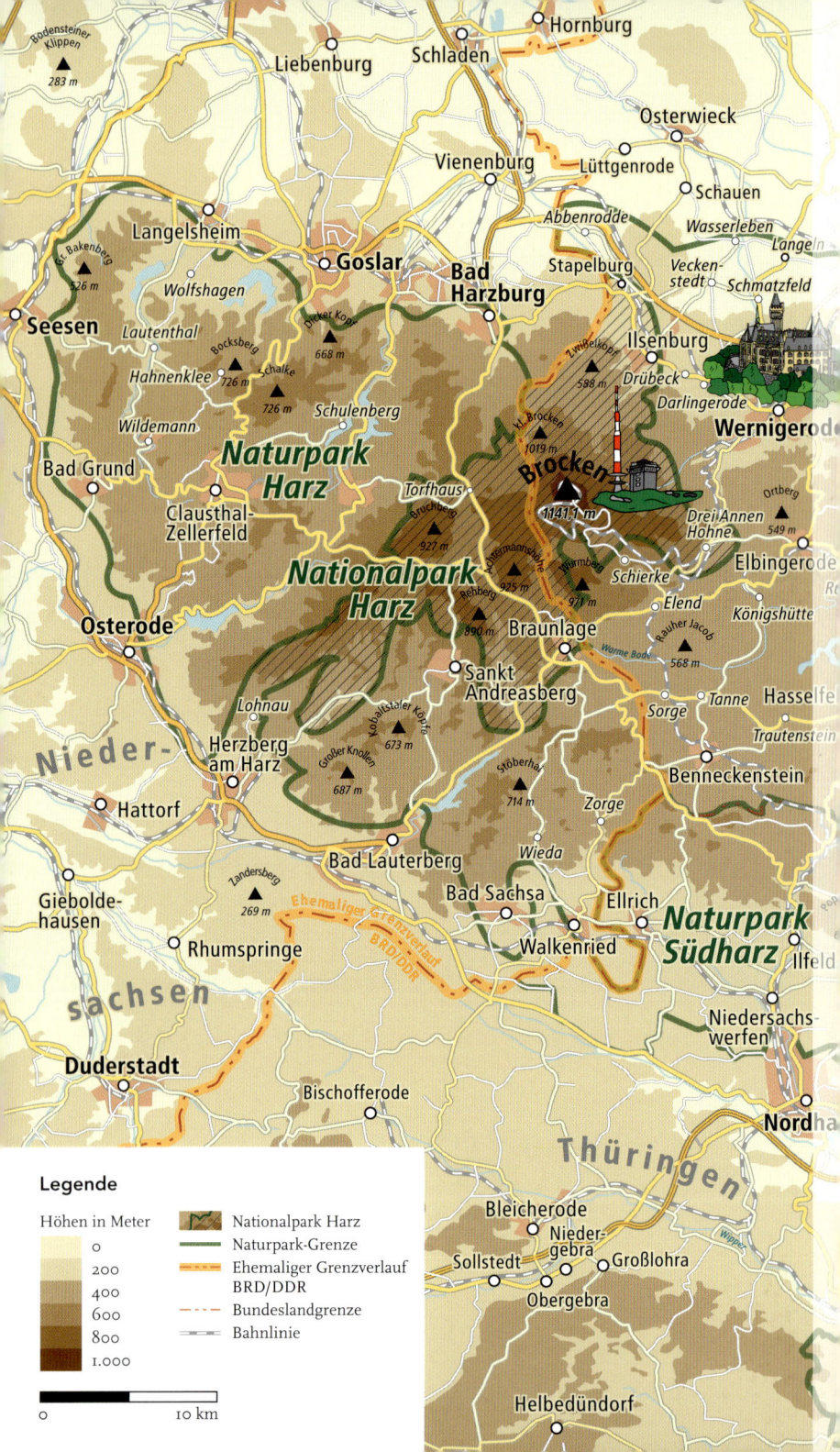

Brockenhaus
Der Blick aufs Ganze

Früher, als hier noch die Mitarbeiter der DDR-Staatssicherheit arbeiteten, wurde das Brockenhaus wegen seiner Kuppel auch „Brockenmoschee" genannt. Diese Zeiten sind lange vorbei, heute ist das Gebäude einfach nur das Brockenhaus – mit allem, was es zum Brocken und zum Harz zu wissen gibt.

Von der Aussichtsplattform des Brockenhauses hat man, vorausgesetzt das Wetter spielt mit, einen wunderbaren Blick – zum Beispiel nach Sachsen-Anhalt in Richtung Wernigerode, auch nach Norden, wo Braunschweig liegt, oder auf den Bahnhof der Brockenbahn, auf die Brockenspitze, auf das Hotel und auf das lange Ende des großen Fernsehsendemastes über einem. Das Brockenhaus selbst mit seiner Ausstellung zu Natur, Geschichte und Technik des Berges öffnet in seinem Inneren den Blick noch viel weiter, denn der Brocken ist mehr als die höchste steinerne Aussichtsplattform im Norden: Er ist ein Spiegel Deutschlands. Heinrich Heine beschreibt es so:

„Ja, in hohem Grade wunderbar erscheint uns alles beim ersten Hinabschauen vom Brocken, alle Seiten unseres Geistes empfangen neue Eindrücke, und diese meistens verschiedenartig, sogar sich widersprechend, verbinden sich in unserer Seele zu einem großen, noch unentworrenen, unverstandenen Gefühl. Gelingt es uns, dieses Gefühl in seinem Begriffe zu erfassen, so erkennen wir den Charakter des Berges. Dieser Charakter ist ganz deutsch, sowohl in Hinsicht seiner Fehler als auch seiner Vorzüge. Der Brocken ist ein Deutscher."

Ja, das ist er wirklich – in allen seinen Facetten. Hier findet sich die Arbeit deutscher Ingenieure genauso wie Spuren von Wehrmachtssoldaten. Wissenschaftler von Rang und Namen waren hier, die Stasi-Mitarbeiter, aber auch Künstler der ersten Reihe kamen zu Besuch. Dies

Die „Brockenmoschee"
im Winter

alles hat Spuren hinterlassen und den Brocken mit Narben gezeichnet. Aber als Teil des Nationalparks Harz steht er heute unter denkbar größtem Schutz.

Alle, die mit der Brockenbahn nach oben fahren, können auch mit ausländischen Gästen ins Gespräch kommen, mit Japanern natürlich, aber auch mit Engländern oder Niederländern. In aller Regel hat man jedoch im zuckelnden Wagen einen deutschen Banknachbarn. Die Behauptung, dass man als Deutscher auf dem Brocken gewesen sein muss, ist sicher dummes Zeug. Dass sich ein Ausflug dorthin für tatsächlich jeden lohnt, der sich für Natur, Geschichte, Kultur und

Blick vom Brockenhaus auf die
steinerne Brockenspitze

Auf manchen Hinweisschildern und Tafeln findet sich noch der alte Name „Brockenmuseum", aber für ein Museum ist das Brockenhaus einfach zu zeitgemäß.

Technik oder auch Geologie interessiert, ist dafür umso richtiger. Sie alle sollten sich das Brockenhaus unbedingt ansehen, denn hier gibt es Dinge zu entdecken, die so auf der Brockenspitze nicht mehr zu sehen sind.

Das Brockenhaus selbst ist als ehemalige Abhörstation ein wichtiger Teil der Geschichte des Brockens. Hierher, wo sich heute viele Tausende Besucher über den Nationalpark, Goethe oder den Fernsehsender informieren, kam vor nicht allzu langer Zeit kein „normaler" Mensch. Über den Brocken verlief der „Eiserne Vorhang" mit Stacheldraht und Mauer, er war militärisches Sperrgebiet, und die Brockenspitze war zusätzlich von einer großen Mauer umgeben. Er war sozusagen ein exklusiver Club, zu betreten nur von wenigen Befugten. Heute kann sich hier jeder umsehen und sich schlau machen.

Die Ausstellung im Brockenhaus ...

... führt die Besucher über drei Etagen, danach in die Kuppel und schließlich für einen imposanten Ausblick auf die Dachterrasse. Am Anfang steht natürlich ein virtueller Hexenflug. Hat er sich standesgemäß eingestimmt, erwarten den Besucher die Ausstellungsbereiche „Mythen und Sagen" und „Brockenbesucher". Natürlich wird auch der früh entwickelte Tourismus vorgestellt. Die nächsten Stationen widmen sich der militärischen Sperrung, dem Nationalpark, der Natur des Brockens, dem Klimawandel und verschiedenen Fernmelde- und Fernsehübertragungseinrichtungen.

Herkunft bis heute ungeklärt ...

Ein Rätsel des Brockens ist noch immer nicht gelöst: Warum heißt der Brocken eigentlich Brocken? An Theorien herrscht kein Mangel und viele der Vorschläge scheinen auch plausibel, aber einen Beweis, welche richtig ist, gibt es nicht und wird es vielleicht nie geben. Ein paar der Ideen: Das Wort *Bracken* könnte der Ursprung sein, denn als Bracken bezeichnete man Bäume, die als Nutzholzlieferanten untauglich waren, und das sind die sturmgebeugten Gewächse der Brockenspitze ganz sicher. Im Niederdeutschen und im Englischen gibt es aber auch das Wort *broken* und das bedeutet „gebrochen". Dazu gibt es eine Quelle aus dem Stadtbuch von Osterwieck aus dem Jahr 1495, in dem der Brocken lateinisch *mons ruptus* genannt wird, was als „gebrochener Berg" zu übersetzen ist.

Noch eine dritte Idee gefällig? Bitte: Im Norddeutschen werden Moore als Bruch, zu früheren Zeiten auch als *Bruoch* oder *Brok*, bezeichnet, und Moore gibt es ja im Harz genug, genauso wie Ideen zur Herleitung seines Namens. Noch weiter öffnet sich das Feld, wenn es darum geht, wie der Name „Brocken" geschrieben wurde. Von Brochelsberg über Brocberg bis Blocksberg – es gab im Lauf der Jahrhunderte alle möglichen Varianten.

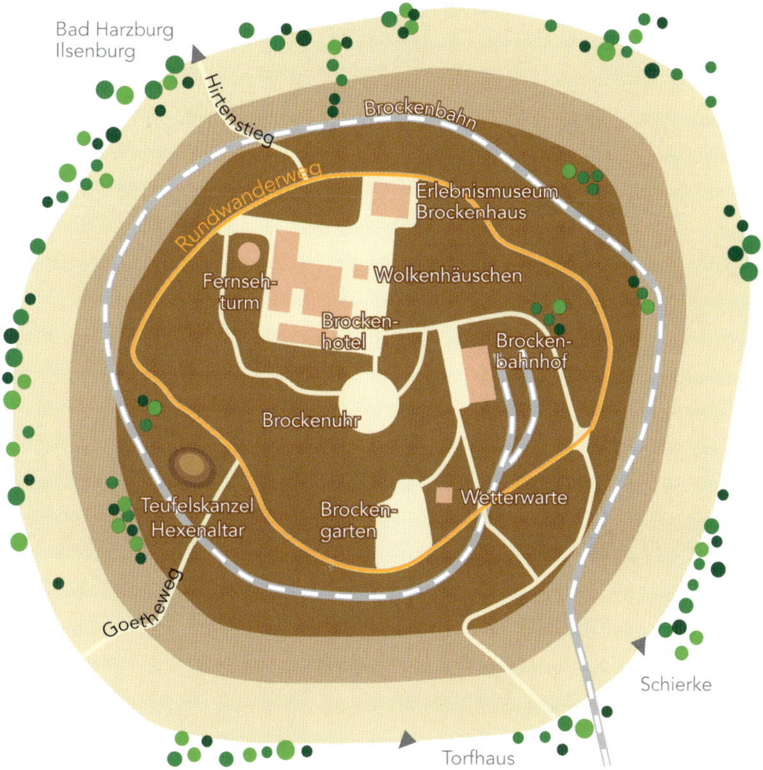

Bad Harzburg
Ilsenburg

Hirtenstieg

Brockenbahn

Rundwanderweg

Erlebnismuseum
Brockenhaus

Fernseh-
turm

Wolkenhäuschen

Brocken-
hotel

Brocken-
bahnhof

Brockenuhr

Teufelskänzel
Hexenaltar

Brocken-
garten

Wetterwarte

Goetheweg

Schierke

Torfhaus

... an 365 Tagen im Jahr geöffnet

Im Brockenhaus werden unterschiedliche Führungen
angeboten: Historisches vom Brocken, Flora und Fauna
im Nationalpark Harz, Rundfunk- und Fernsehge-
schichte oder die militärische Vergangenheit auf Nord-
deutschlands höchstem Berg stehen dabei auf dem
jeweils einstündigen Programm. Schulklassen, Wander-
und Reisegruppen oder Betriebsausflügler sind gern
gesehen im Brockenhaus.

**Öffnungszeiten des
Brockenhauses:**
täglich von 9.30–17.00 Uhr

Eintrittspreise:
Erwachsene 4 Euro
Kinder 6–16 Jahren 2 Euro
Familien 8,50 Euro
Rentner 3,50 Euro
Ermäßigt 3 Euro
Gruppen ab 15 Pers.
3 Euro p. P.
Kindergruppen ab 15 Pers.
1,50 Euro p. P.
(mit Führung 2 Euro p. P.)

**Für Führungen bitte
anmelden:**
Tel. (03 94 55) 500 05
Fax (03 94 55) 500 06
brockenhaus@t-online.de
www.nationalpark-
brockenhaus.de

Naturgeschichte
Ein Herz aus Stein

Die Granit-Blockhalden des Brockens wurden gemeinsam mit 76 anderen touristisch interessanten Geotopen 2006 als „Nationaler Geotop" ausgezeichnet.

*Ort mit Ausblick und Granit –
die Brockenspitze*

Der Brocken kaschiert ganz gut, dass er fast nur aus Granit besteht. Auf den Wanderwegen fällt der Blick links und rechts auf Büsche, Moose und Bäume, auf dicken und weichen Waldboden und manchmal auf eine Lichtung. Seinen steinernen Kern zeigt der Brocken nicht oft, aber eindrucksvoll und manchmal auch romantisch, wenn mitten im Wald Granitklötze auftauchen, die im Schatten großer Fichten liegen und auch gern weit über den eigenen Kopf ragen können. Was dann nur noch fehlt, sind die sagenhaften Gestalten: ein Riese aus den Sagen des Harzes, der den Stein hier fallen ließ, die Hexe, die am Fuße des Brockens Kräuter sammelt, oder der Ritter, der im Schein eines Feuers hier die Nacht verbringt. Zu den Märchen und Mythen des Brockens an anderer Stelle mehr …

Woraus Granit im Wesentlichen besteht, lässt sich ganz einfach merken: „Feldspat, Quarz und Glimmer, die drei vergess' ich nimmer". Als Tiefengestein hat Granit seinen Ursprung mindestens zwei Kilometer unter der Erdoberfläche und ist nichts anderes als erkaltetes Magma. Der Granit hat den Ruf, dass er nicht kleinzukriegen ist. Er wird vor allem da genutzt, wo seine Widerstandskraft gebraucht wird, also zum Beispiel als Pflaster- oder Bordstein oder für den Bau von

Treppen. Granit vermag zwar Rädern und Schuhen lange zu widerstehen, aber das Wetter bekommt ihn langsam, zugegeben sehr langsam, klein. Die Frostsprengung ist dabei ein entscheidender Vorgang. Die Steine am Brocken, die oft wie Kissen, Matratzen oder gefüllte Säcke aussehen und übereinandergestapelt zu liegen scheinen, sind ein Ergebnis der Erosion durch Wasser und Kälte. Die Geologen nennen das Wollsackverwitterung, typisch dafür sind die abgerundeten Ecken und Kanten der Steine.

Wenn die Erosion fortschreitet, schafft sie eine weitere steinerne „Spezialität" des Brockens: die Blockhalden oder Blockmeere. Sie entstehen, wenn Wollsacktürme zusammenstürzen und eine Trümmerhalde aus Granit bilden. Hier lässt sich übrigens auch gut beobachten, wie vor langer Zeit das Leben auf den Brocken kam. Auf den nackten Felsen siedeln bis heute archaische Lebensform wie Flechten, Moose und Bärlappe. In Nischen und Spalten der Granitbrocken sammelt

Über die Größe des Brockens gibt es unterschiedliche Angaben. Die offizielle und amtliche Höhe beträgt 1.141,1 Meter – und ist richtig. Auch wenn mit der Neugestaltung der Brockenspitze die höchsten Steine so gelegt wurden, dass es 1.142 Meter sind (siehe Foto unten links), bleibt der Berg bei seiner Größe.

Flechten, Moose und Zwergsträucher nehmen die „Wollsäcke" in Beschlag und sind oftmals Pioniere für weiteren Bewuchs.

sich Feinboden, in dem dann Farne und Blütenpflanzen wurzeln. Irgendwann schafft sich der erste Baum Platz, bis dann nach vielen, vielen Jahren unter dem Schatten großer Bäume von den Felsen nur noch wenig zu sehen ist.

Die Blockhalden kommen außerhalb der Alpen nur sehr selten vor und sind deshalb geschützt. Darum werden die Besucher eindringlich gebeten, nicht auf ihnen herumzuklettern. Es ist nicht der Granit, der geschützt werden soll, sondern die Flechten und Moose, die sehr empfindlich sind und lange Zeit brauchen, um sich wieder zu erholen.

So farbenfroh kann Erdgeschichte aussehen – die Abteilung „Urgewalt Brocken" im Brockenhaus.

Die kleinen, unscheinbaren Flechten sind eine interessante Lebensgemeinschaft zwischen einem Pilz und Grünalgen, die in seinem Inneren leben und für ihn die Fotosynthese übernehmen. In Mitteleuropa gibt es 2.000 verschiedene Flechtenarten, die übrigens nicht zu den Gefäßpflanzen zählen, sondern sie werden wie die Pilze als Kryptogamen bezeichnet. Auf der Brockenspitze finden sich ganz besondere Flechten, die sehr auffällige Namen tragen, wie zum Beispiel Blutaugenflechte, Bewimperte Nabelflechte oder Würmerflechte.

Zwischen den Felsbrocken der Blockhalden und Blockmeere fühlen sich auch einige Tiere wohl, die sich aber nicht gern entdecken lassen, wie zum Beispiel die Bergeidechse. Bei den Insekten sind vor allem Schmetterlinge zu nennen, und auf manchen Halden ist auch hin und wieder die Nordfledermaus zu Gast.

An der Stelle, an der sich heute die Brockenspitze über den Harz erhebt, mit immerhin 1.141,1 Metern über dem Meeresspiegel, war früher einmal ein Meer,

„Datenblatt" des Brockens

Höhe	1.141,1 m
Lage/Gebirge	Sachsen-Anhalt, Deutschland/Harz
Dominanz	224 km zum Fichtelberg (Erzgebirge)
Schartenhöhe	856 m zum 10 km südwestlich gelegenen Bad Lauterberg
Geographische Lage	51° 47′ 57″ N, 10° 36′ 56″ O

Mit der Dominanz geben Geografen an, wie groß der Radius ist, den ein Berg überragt. Wenn der Brocken (B) eine Dominanz von 224 Kilometern hat, heißt das, dass er in einem Umkreis von eben 224 Kilometern der „Größte" ist – bis dann der Fichtelberg (A) in Sachsen mit seinen 1.214 Metern Höhe kommt und damit ein kleines Stück größer als der Brocken ist. Die Schartenhöhe bezeichnet in der Geografie die Höhendifferenz zwischen einem Berggipfel und der höchstgelegenen „Einschartung" auf dem Weg zum nächsten Berggipfel. Landläufig lässt sie sich besser damit erklä-

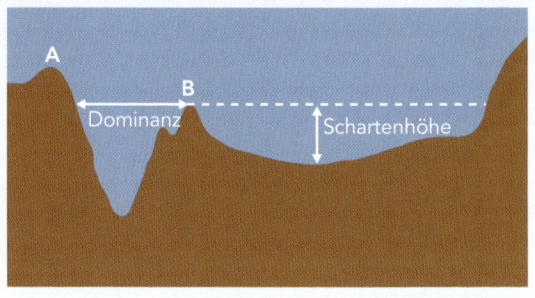

ren, wie tief man mindestens steigen muss, bevor man den nächsten Gipfel erklimmt. Aus dieser Angabe lässt sich ablesen, wie freistehend ein Berg ist. Übrigens: Der Berg, der meistens als der mit der höchsten Schartenhöhe genannt wird, also der, der sich am weitesten über seine Nachbarschhaft erhebt, ist der Kilimandscharo. Sein Hauptgipfel liegt 4.000 Meter über der umgebenen Steppe.

und wer weiß, was hier eines sehr fernen Tages sein wird. Dem Blick zurück in die Erdgeschichte ist im Brockenhaus eine kurzweilige Abteilung mit vielen Exponaten aus der Harzregion gewidmet.

Vor 380 bis 320 Millionen Jahren – Oberdevon und Unterkarbon

Ein tiefes Meer lag früher da, wo heute die Besucher mit der Brockenbahn, mit dem Mountainbike oder zu Fuß unterwegs sind. Das Klima war sehr feucht und warm. Im Devon und Karbon bildeten sich weltweit Gebirge und drängten das Meer zurück, so auch in Mitteleuropa. Der Meeresgrund mit seinen Ablagerungen wurde zu kilometerdicken Schichtpaketen gepresst. Dabei kam die ganze Gegend nicht nur vertikal in Bewegung, sondern auch horizontal: Teilweise wurden Gesteine um 25 Kilometer verschoben. Übrig geblieben sind aus dieser Zeit Versteinerungen des ersten Harzwaldes. Vor allem Bärlapp-, Schachtelhalm- und Farnsamerbäume wuchsen in dieser Zeit.

Sieht fast aus wie frisch gesägt, ist aber „steinalt": versteinerte Reste eines Schuppenbaums

Vor 305 bis 260 Millionen Jahren – Oberkarbon und Mittlerer Perm

„War das eine Freude! Die Erdkruste wackelte vor Begeisterung und die Lavakorken der Vulkane knallten pausenlos", so heißt es auf der Ausstellungstafel im Brockenhaus. Schade für den Brocken, dass er davon gar nichts mitbekam, denn sein Granit steckte zu dieser Zeit noch 4.000 Meter in der Tiefe. Übrigens war damals nicht nur hier viel los, überall bildeten sich weitere Gebirge, zum Beispiel die Appalachen oder der Ural, und gleichzeitig wurden die Grundlagen für die Steinkohlevorkommen gelegt – auch hier, wo heute der Harz liegt.

Filigrane Schönheit in Stein gefasst: Schachtelhalmblätter, die Millionen Jahre überdauert haben

Vor 260 bis 251 Millionen Jahren – Oberes Perm und Zechstein

Das letzte Kapitel des Erdaltertums fiel für die Harzer Region buchstäblich ins Wasser. Auf der Südhalbkugel waren riesige Gletscher herangewachsen, die nun schmolzen und den Spiegel des Weltmeeres um rund 150 Meter anhoben. Gleichzeitig hatten sich weite Teile Europas gesenkt. Damit waren dem Wasser Tor und Tür geöffnet. Aber es gab Inseln, auf denen das Leben über Wasser weiterging – zwei davon lagen im heutigen Gebiet des Harzes. Das umgebene Meer war schlecht durchlüftet und so unterstützte das sauerstoffarme Wasser die Konservierung von Pflanzen und Fischen.

Der „Kupferhering", ein versteinerter Fisch, auf dem sich Kupfersulfid abgesetzt hat

In der Wüste wuchs, wenn überhaupt, nur die Pleuromeia-Pflanze, etwas respektlos auch „Bernburger Wüstenspargel" genannt. Hier ein Stück aus Stein.

Ein Schwanzwirbel von einem Plateosaurus, einem Pflanzenfresser

Vor 250 bis 245 Millionen Jahren – Untere Trias und Buntsandsteinzeit

Dass so viele Mauern um Städte, Schlösser und Klöster am nördlichen Harzrand aus Rogenstein bestehen, ist kalkreichem Wasser, Sand und viel Bewegung zu verdanken: Die Sandkörner wurden im äußerst salzigen und kalkreichen Wasser hin und her bewegt und dabei immer „dicker" und runder. Von Harz und Brocken war auch zu Beginn des Erdmittelalters noch nichts zu sehen: Über ihm lag eine Schicht aus Sand, Ton und Kalk. Hitze und Sauerstoffarmut sorgten zu dieser Zeit für das bisher größte Artensterben auf unserem Planeten. Sogar am Nordpol ging es mit 25° C heiß her. Tropische Zeiten also.

Vor 220 bis 140 Millionen Jahren – Obere Trias, Jura und Unterkreide

Die Hitze blieb, wechselte sich aber ab mit Regenwolken, die von Monsunwinden über die Wüste getrieben wurden. Dann wuchs die Vegetation üppig und mit ihr nahm die Zahl der Dinosaurier zu. Blieben die Niederschläge aus, starben sie und ihre Artgenossen vor den ausgetrockneten Wasserlöchern. Zu dieser Zeit kam langsam wieder Bewegung in die Erdplatten, und sie begannen sich über die Erdkugel zu verteilen. Während oben mal wieder das Wasser die Oberhand hatte, wachte viel tiefer der Harz langsam auf. Als er schließlich aus dem Wasser ragte, hatte sich allerhand getan. Das Klima war mit 25° C angenehm, und Palmen und Nadelbäume nahmen ihn als neue Heimat an.

Vor 100 bis 70 Millionen Jahren – Oberkreide

Die nordamerikanische Kontinentalplatte machte sich auf den Weg und ließ den Atlantischen Ozean entstehen. Norddeutschland lag noch immer unter dem Kreidemeer, und an den Küsten gibt es kilometerlange Sandstrände. Zu dieser Zeit entstanden auch die ersten Blütenpflanzen und viele Koniferenarten. Der Harz

Ein Klimazeuge – Roterdeböden wie dieser entstehen im tropischen Wechselklima

wurde 3.000 Meter hochgedrückt. Aber mit seinem enormen Wachstumsschub war er nicht allein. Auch die Alpen und die Rocky Mountains wuchsen stetig.

Vor 55 bis 35 Millionen Jahren – Eozän und Oligozän
Die Erdneuzeit begann im Harz klimatisch sehr angenehm. Sonne, Meer und Palmen prägten das Bild, der Harz war vom Meer umspült. Es gab eine üppige Pflanzenwelt, von der auch heute noch das steingewordene „goldene Blut" zeugt: der Bernstein. Allerdings gab es auch harte Einschnitte, wenn sich ein verdorrendes heißes Wüstenklima breitmachte oder der Meeresspiegel stark anstieg. Die Pflanzen und Bäume der damaligen Zeiten waren übrigens der Rohstoff für die heutigen Braunkohlevorkommen.

Sehen fast aus wie die Zapfen, die sich im Wald am Brocken finden lassen, sind aber viel, viel älter.

Vor 3,5 Millionen Jahren – Tertiär, Pliozän
Einige Kilometer westlich vom Brocken liegt der kleine Ort Willerhausen. Hier gab es vor rund drei Millionen Jahren einen kleinen See, der uns heute – längst trocken – einen außergewöhnlich guten Blick auf die damals rund um den Brocken lebenden Arten ermöglicht. In seinem tiefen Seeboden gab es viel schwarzen Faulschlamm, in dem alles organische Material unzersetzt blieb – eine ganze Menge, wie die gefundenen Fossilien zeigen: Fische, Wasserschildkröten, Riesensalamander, Frösche, Krebse, Schnecken, Wasserinsekten, Mäuse, Mücken, Heuschrecken, Grillen, Bienen, Libellen und Vogelfedern. Sogar große Säugetiere verschwanden im Faulschlamm. Neben einem Hirsch und einem Tapir wurde auch ein Waldelefant gefunden.

Auch Blätter wurden konserviert: hier versteinerte Blattreste vom Amberbaum, einer Pflanzengattung, die es heute noch gibt.

Vor 400.000 bis 11.600 Jahren – Eiszeit im Harz
Bisher ging es rund um den Brocken meist warm oder sogar heiß zu. Das änderte sich mit dem Einzug der Eiszeiten deutlich. Statt Tapir und Waldelefant setzte sich das Wollhaarnashorn in Szene, das als Lebensraum Kältesteppen bevorzugte und im Vergleich mit den Dinosauriern gerade eben erst ausgestorben ist, nämlich vor rund 11.000 Jahren. Aus der Eiszeit stammen auch die ersten Spuren menschlicher Harzbewohner. Ob sie es aber auch bis auf den Brocken schafften, bleibt ungewiss. Sicher ist allerdings, dass im 18. Jahrhundert einige Fossilienstücke – zum Beispiel ein Wildpferdschädel und Mammutknochen – nicht richtig zugeordnet wurden und man annahm, dass im Harz ein Einhorn gelebt haben könnte.

Backenzahn von einem Wollhaarnashorn

Tortenschnitt durch den Harz

Die verschiedenen Erdzeitalter finden sich im Harz nicht in fein säuberlich übereinandergestapelten Gesteins- oder Erdschichten. Ganz im Gegenteil, wie im Brockenhaus an der Tafel „Ein Stück Torte ganz aus Stein" zu sehen ist. Die Tafel zeigt einen Querschnitt durch den Harz von Helmstedt im Norden bis ins südliche Harzvorland zwischen Göttingen und Nordhausen. Auch der Begleittext spricht davon, dass das Bild, das die Geologen gezeichnet haben, am ehesten an ein heruntergefallenes Stück Torte erinnert. Gut zu sehen ist der Brocken, der eine riesige „Füllung" aus Granit mit Teilen einer Hornfelshülle hat.

Durcheinandergebracht wurden die Schichten durch die Verfaltungen bei der Gebirgsbildung. Diese Verwerfungen haben dazu geführt, dass im Harz auf kleiner Fläche fast alle geologischen Schichten zu Tage treten, so dicht und gedrängt wie sonst nirgends. Deshalb spricht man beim Harz, genauer beim Nordharz, auch von der „Klassischen Quadratmeile der Geologie".

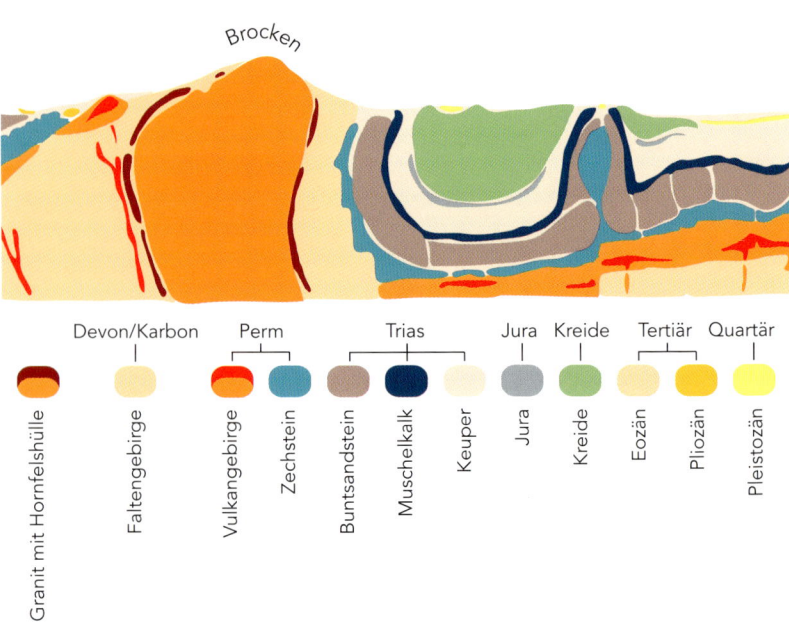

Brocken

| Devon/Karbon | Perm | Trias | Jura | Kreide | Tertiär | Quartär |

Granit mit Hornfelshülle — Faltengebirge — Vulkangebirge — Zechstein — Buntsandstein — Muschelkalk — Keuper — Jura — Kreide — Eozän — Pliozän — Pleistozän

Eine moorige Angelegenheit

Brocken und Harz haben viele überraschende Facetten.
Neben den historischen, technischen oder auch botanischen Seiten verblüffen vor allem die
Gebirgsmoore. Es gibt nur wenige Orte, wo
es so viele verschiedene Moortypen gibt wie
hier: Die Experten unterscheiden Hochmoore, Übergangs- und Schwingrasenmoore,
dystrophe Stillgewässer und Niedermoore.
Die Hochmoore werden nur vom Regenwas-
ser gespeist, die Niedermoore ziehen ihr Wasser aus
dem Boden, und die Übergangs- und Schwingrasenmoore kombinieren beide Arten der Wassergewinnung.
Die dystrophen Stillgewässer sind nährstoffarme und
stark saure Gewässer mit charakteristischem braunen
Wasser, die direkten Kontakt zu den Torfsubstraten
haben. Sie können natürlichen Ursprungs sein oder
auch durch Torfabbau entstehen.

Übrigens, die Hochmoore heißen nicht Hochmoore,
weil sie hoch liegen. Ihren Namen haben sie von der
uhrglasförmigen Auswölbung ihres Torfkörpers. Im
Vergleich mit dem uralten Gestein des Brockens sind
die Moore junge „Hüpfer". Gerade mal 10.000 Jahre
sind sie alt und geben vielen charakteristischen Arten
eine Heimat, dem Schmalblättrigem Wollgras, den
Torfmoosen, der Rosmarinheide, der Armblütigen
Segge, dem Scheidigen Wollgras, der Moosbeere oder
der Rasigen Haarsimse. Etwas ganz Besonderes und für
manche sicher etwas Unheimliches ist der fleischfres-
sende Rundblättrige Sonnentau, eine eher unschein-
bare und schwer zu entdeckende Pflanze, deren Blätter
jeweils rund 200 haarfein rötliche Tentakeln besitzen,
mit denen sie Mücken, Fliegen und andere Insekten
fangen.

Im Brockenhaus ist ein Schnitt durch die verschiedenen Schichten eines Moores konserviert.

700 v. Chr.
Ausdehnung der
Moore auf ihre
heutige Größe

1713 bis 1786
Holzmangel zwingt
Bergleute zur Brenntorf-
gewinnung im Hochharz

1990/1994
Gründung des
Nationalparks
Harz

800 bis 1500 n. Chr.
Das Moorwachstum
kommt vorüberge-
hend zum Stillstand.

1937
Die Moore im Hochharz
werden unter Natur-
schutz gestellt.

Wetterwarte
Ein Eldorado für Meteorologen

Die Wetterwarte aus Richtung des Brockenhauses gesehen

Im Brockenhaus gibt es alle aktuellen Wetterdaten im Überblick.

Wer auf der Brockenspitze ankommt, wird oft sehr stürmisch begrüßt. Hier bremst kein Baum die Kraft des Sturms, kaum ein Fels stemmt sich ihm entgegen, und windstille Ecken sind auch im Schatten der Gebäude Mangelware. Wäre dieser Wind auf dem Brocken ein Mensch, würde man ihn vielleicht als halbstark bezeichnen. Er scheint oft nicht zu wissen, wohin mit seiner Kraft. Er schleudert das Steppengras rum, macht gewaltigen Lärm und treibt die Besucher vor sich her. Zerzauste Frisuren und vom Wind aufgeblähte Blousons kennzeichnen deshalb oft die Besuchergruppen, die der Brockenbahn entsteigen und in Richtung Brocken laufen. In das Bild des Halbstarken passt auch die Launenhaftigkeit des Winds, denn ganz plötzlich ist wieder Ruhe. Die Besucher können im Gespräch die Stimme senken, die Kapuzen absetzen und die Haare wieder in Form bringen.

Launenhaftigkeit prägt aber auch die anderen „Bestandteile" des Wetters auf dem Brocken. Klarste Luft bei Sonnenschein und ein Blick ins Land, der über 200 Kilometer weit reicht, sind genauso möglich wie dicker Nebel, der nicht weiter als ein paar Meter sehen lässt – an ein und demselben Tag. Der Wechsel von einem Extrem in das andere braucht oft noch nicht ein-

mal eine Stunde. Das sollte vor jedem Besuch der Brockenspitze bedacht werden. Im Bahnhof der Harzer
Schmalspurbahn in Wernigerode scheint ein warmer
Pullover an einem frühen Herbsttag das ideale Kleidungsstück zu sein, auf dem Brocken ist es zwei Stunden später dagegen die gefütterte Winterjacke. Im Jahresmittel ist es auf dem Brocken im Schnitt fünf bis
sechs Grad kälter als um den Harz herum.

Die Spitze des Brockens erschließt sich in vielen
Dingen oft erst auf den zweiten Blick, und es kommt
auch beim Wetter ein bisschen auf die Perspektive an.
Es kann ungemütlich oder einfach faszinierend sein.
Alle, die das Glück haben, das Brockengespenst zu
sehen, werden ganz sicher Zweiteres empfinden.

Das Brockengespenst

Auf dem Brocken ist manches anders, und so spukt das Brockengespenst nicht zur
Geisterstunde, sondern bevorzugt in der Regel den Morgen, und daran ist auch wieder das Wetter „schuld". Denn wenn Nebel oder Wolken an einer Seite am Berg vorbeiziehen und die Sonne auf der anderen Seite noch tief steht, dann wird der Schatten eines Betrachters auf die feinverteilten Wasserteilchen geworfen. Weil die
Luftmassen in ständiger Bewegung sind, entsteht der Eindruck, der Schatten würde
sich von allein bewegen, selbst wenn der Betrachter völlig ruhig steht. Gesteigert wird
der geisterhafte Eindruck, wenn sich auch noch eine sogenannte „Glorie" zeigt, die
sich wie ein Heiligenschein kreisrund um den Schatten legt. Dabei handelt es sich
um einen Regenbogen, nur in anderer Form und Größe.

*Naturphänomen oder Charakterstudie? Eine Postkarte zum Brockengespenst aus der Sammlung des
Brockenhauses*

Klaus Adler, Wettertechniker
„Es war extrem unheimlich."

Klaus Adler kennt die Brockenspitze seit vielen Jahren durch seine Aufgabe als Wettertechniker beim Deutschen Wetterdienst. Er sammelt mit seinen Kollegen die Daten, die für die Wettervorhersagen weltweit und zur Dokumentation von Klimaveränderungen benötigt werden.

Welche Daten werden auf dem Brocken gemessen?

Wir stellen zum Beispiel Windrichtung, Windgeschwindigkeit, Lufttemperatur, Taupunkt, Schneehöhe und markante und gefährliche Wettererscheinungen wie Gewitter oder Hagelniederschlag fest, sammeln diese Daten und bereiten sie auf, bevor wir sie per Internet an den Deutschen Wetterdienst in Offenbach weitergeben. Dann werden sie Meteorologen auf der ganzen Welt zur Verfügung gestellt.

Welche Instrumente benutzen Sie?

Wir arbeiten hier mit konventioneller Messtechnik, wie sie schon seit einhundert Jahren benutzt wird, also noch mit Quecksilberthermometer oder mit dem Sonnenscheinautografen, der die Sonnenscheindauer misst. Das hängt auch damit zusammen, dass wir seit 2010 eine der zwölf Klimareferenzstationen in Deutschland sind.

Sollten Sie dann nicht ausschließlich mit modernster, also elektronischer Mess-Sensorik arbeiten?

Nein, gerade nicht, denn es sollen Sprünge in den Aufzeichnungen vermieden werden. Das gilt gerade hier auf dem Brocken, wo wir auf Daten von über

hundert Jahren zurückschauen können, die immer auf die gleiche Art und Weise gemessen wurden. Gleichzeitig dienen unsere Messungen auch dazu, die modernen elektronischen Instrumente langfristig zu überprüfen. Dazu gibt es Daten, die nur schwer oder gar nicht elektronisch festzustellen sind, wie zum Beispiel die Schneehöhe.

Können Sie mit Ihrer so weit zurückreichenden Datenreihe bestätigen, dass ein Klimawandel stattfindet?

Definitiv ja. Das ist vor allem an den Wintermonaten zu erkennen, die im Schnitt in den vergangenen hundert Jahren um zwei Grad wärmer geworden sind.

Sie arbeiten auch nachts hier. Ist das nicht manchmal ein bisschen unheimlich?

Nein, eigentlich nicht, es war wohl nur einmal extrem unheimlich, als wir diese enorm hohe Windspitze von 263 Kilometern in der Stunde hatten. Das war am 24. November 1984, da hatte unser Kollege wirklich Sorgen und zog sich in den Keller als Schutzraum zurück. Dabei hatte er zwar keine Angst um das Gebäude als solches, aber er befürchtete, dass die Fenster durch den hohen Winddruck zersplittern würden.

Das Wetter auf dem Brocken mit seinen besonderen Phänomenen hat schon früh die Meteorologen interessiert. Zu den ersten, die Wettermessungen vornahmen, gehörte Carl Eduard Nehse. Ein Mann, dessen Namen man sich ruhig merken kann und über den später noch zu lesen sein wird. Nehse war unter anderem auch einer der ersten Brockenwirte. Ab 1836 nahm er die Messungen von Temperatur, Schneehöhen und anderen Werten vor und sandte sie zunächst ohne Auftrag an Meteorologen nach Braunschweig. Daraus wurde später ein fester Auftrag des Preußischen Meteorologischen Instituts, für das dann auch der Nachfolger von Nehse arbeitete.

Die große Hoffnung, die man in diese Datensammlungen gesteckt hatte, nämlich das Wetter besser vorhersagen zu können, zerschlug sich allerdings. Trotz-

Das Wetter auf dem Brocken

(Mittelwerte stammen aus der Zeit 1961 bis 1990)

Jahresmitteltemperatur	2,9° C
Höchste gemessene Temperatur (am 12. August 2003)	28,2° C
Niedrigste gemessene Temperatur (am 1. Februar 1956)	-28,4° C
Jahresniederschlagsmenge	1.814 mm
Zahl der Niederschläge im Jahr	262
Maximale Schneehöhe (am 15. April 1970)	3,80 m
Schneeverwehungen	6–7 m
Zahl der Gewitter im Jahr	38
Durchschnittliche Windstärke	6
Hauptwindrichtung	Südwest-West
Zahl der Sonnenscheinstunden im Jahr	1.353
Sichtweiten vom Brocken bei klarem Wetter	maximal 230 km (Fichtelberg)
Nebeltage im Jahr	307

dem konnte ein sehr wichtiger deutscher Meteorologe, Richard Adolph Aßmann, den Bau einer Wetterwarte durchsetzen. Dass Aßmann erhebliche Energie in den Bau setzte, hängt sicher auch damit zusammen, dass er zu den Mitbegründern der Aerologie gehört. Das ist der Teil der Wissenschaft, der sich mit dem Höhenwetter beschäftigt. Um Höhenwetter zu messen, braucht man auf dem Brocken keinen Ballon. Mit Hilfe privater Spender gelang es Aßmann, einen Turm aus Holz zu errichten. Drei Stockwerke hoch und mit Wohnzimmer, Gelehrtenzimmer und Beobachtungszimmer ausgestattet, wurde die Wetterwarte 1895 eingeweiht.

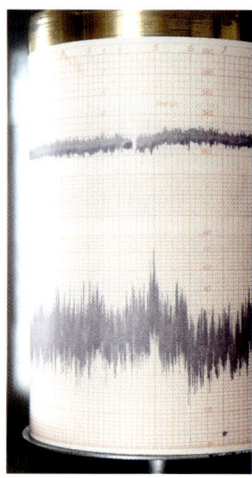

links: So sieht – in Form eines Diagramms – der schlimmste Orkan aus, der je auf dem Brocken gemessen wurde: Am 24. November 1984 lag eine Windspitze bei beeindruckenden 263 Kilometern in der Stunde.

rechts: Mit dem Sonnenscheinautografen wird die Dauer der Sonnenstrahlung gemessen.

Obwohl der Bauherr ein Meteorologe war, hatte er entweder das Brockenwetter unterschätzt oder einfach nicht genug Geld zusammenbekommen. Es stellte sich schnell heraus, dass ein Holzbau dem Wind und Wetter auf dem Brocken nicht gewachsen war. Schon 1912 wurde mit dem Bau einer Wetterwarte aus Stein begonnen. Das neue Haus war sehr gut ausgestattet und bot ideale technische Arbeitsmöglichkeiten, allerdings waren dieses Mal die Fugen nicht „brockenfest" gemacht worden. Der Wind zog durch die Zimmer, und das Wasser tropfte. Es wurde also eine Außenverkleidung aus Holz nötig, die sich wie ein Mantel um den Stein schloss.

Das Pech blieb der Warte trotzdem hold. 1938 mussten die Wettertechniker auf die Süd-Ostkuppe der Brockenspitze umziehen – auf den heutigen Platz. Der Grund dafür war der neue Fernsehturm der Reichspost, der direkt neben der Wetterwarte gebaut worden war und die Messergebnisse erheblich verfälscht hatte.

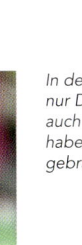

In der Wetterwarte werden nicht nur Daten gesammelt, sondern auch Frösche. Auf über 800 haben es die Mitarbeiter schon gebracht.

Der Zweite Weltkrieg brachte die einzige große Lücke in der Aufzeichnung der Wetterdaten, seitdem Brockenwirt Nehse damit begonnen hatte. Von 1945 bis 1947 lag die Wetterwarte nach einem amerikanischen Bombenangriff brach, denn die Gebäude auf der Brockenspitze waren größtenteils zerstört.

Heute arbeiten sieben Wettertechniker im Schichtdienst rund um die Uhr und das ganze Jahr hindurch in der Wetterwarte. Wer im Brockenhotel übernachtet und nachts aus dem Fenster auf die Wetterwarte schaut, kann die kleinen erleuchteten Fenster sehen, hinter denen alle halbe Stunde die Wetterdaten zusammengestellt und an den Deutschen Wetterdienst in Offenbach gesandt werden.

Windstärken und Windgeschwindigkeiten

Windstille	0	unter 1 km/h
schwacher Wind	1–3	bis 19 km/h
mäßiger Wind	4	bis 28 km/h
frischer Wind	5	bis 38 km/h
starker Wind	6–7	bis 61 km/h
Sturm	8–9	bis 88 km/h
schwerer Sturm	10	bis 102 km/h
orkanartiger Sturm	11	bis 117 km/h
Orkan	12	darüber
höchster auf dem Brocken gemessener Wert		263 km/h

Pflanzenwelt im Brockengarten
Exoten der Höhe

Der Garten mit einer Fläche von rund 4.600 m² wurde vom Fürstenhaus Stolberg-Wernigerode gepachtet.

Der Brockengarten ist nicht gerade der Ort, der die Wanderer nach anstrengendem Aufstieg mit Schatten spendenden Bäumen, Bänken zum Ausruhen und interessanten Blickachsen empfängt. Nein, dieser Garten besteht aus kleinen, manchmal winzigen Pflanzen. Sie wirken zerbrechlich mit den kleinen Blüten, und die höchsten von ihnen wachsen gerade bis zum Knie. Ihre eigentliche Größe liegt in ihrer Stärke, mit dem Brockenwetter leben zu können. Sie müssen orkanartigen Wind, eisige Fröste und Trockenheit aushalten. Ihre Heimat sind – natürlich – der Brocken, aber auch die Alpen, die Rocky Mountains oder die Himalaya. Wer im Brockengarten zu Besuch ist, tritt eine kleine botanische Wanderung durch die Hochgebirge dieser Welt an. Kaum zu glauben, dass auf diesem kargen Stück Boden rund 1.800 verschiedene Arten wachsen.

Dass sich hier alpine Arten so wohlfühlen, hat einen guten Grund: Obwohl der Brocken nur 1.141,1 Meter hoch ist, herrschen im Brockengebiet ökologische Verhältnisse, die mit denen der Süd-Alpen bei 2.500 Metern und mit denen der Nord-Alpen bei 1.800 Metern vergleichbar sind. Deutlich wird dies an der Waldgrenze am Brocken, die es im deutschen Mittelgebirgsraum nur im Harz gibt. Und, der Brocken hat Pflanzenarten hervorgebracht, die es in Deutschland wirklich nur hier gibt. Dazu gehören die Brockenanemone oder das Brockenhabichtskraut. Alle Pflanzen, die hier gut wachsen, eint eines: Sie sind besonders gut an die extremen Standortsituationen und die kurzen Vegetationszeiten im Hochgebirge angepasst. Die Pflanzen blühen zeitig im Frühjahr und haben früh reife Samen ausgebildet. Auffällig ist auch, dass die meisten im Brockengarten kultivierten Arten flache Polster oder Rosetten ausbilden. Diese Wuchsform gibt es besonders häufig auf windexponierten Flächen. Auf trockenen Standorten wachsen sehr häufig Dickblattgewächse, die in ihren dicken Blättern Wasser speichern. Andere Arten minimieren die Wasserabgabe durch Haare auf der Blattoberfläche, tief eingesenkte Spaltöffnungen oder eine ledrige Blattoberfläche. Kurz gesagt: Hochgebirgspflanzen sind „Lebenskünstler".

Brockenanemone

Ein Garten mit Vergangenheit
Der erste „Brockengarten" befand sich gar nicht auf dem Brocken, sondern auf der Heinrichshöhe und das schon 1760 als Kräutergarten. Die Heinrichshöhe ist eine Nebenkuppe des Brockens, die nur unwesentlich niedriger als der Brocken ist und ganz dicht „dran" liegt. Dieser Garten hatte nichts mit dem heutigen Schau- und Versuchsgarten zu tun, der sich der Wissenschaft verschrieben hat. Er wurde 1890 gegründet, um unter anderem die Anpassungsfähigkeit von Alpen-

Brockenenzian

Einblütige Pantoffelblume, aus Patagonien stammend

pflanzen an die brockenklimatischen Verhältnisse zu erforschen. Mit diesem Anspruch ist der Brockengarten eine der ältesten Anlagen Deutschlands. Nach seiner Gründung diente er vor allem Lehr- und Forschungszwecken, war aber, wie heute auch, eine öffentliche Schauanlage für Hochgebirgspflanzen aus aller Welt.

Dr. Gunter Karste, Biologe
„In diesem Klima überleben …"

Dr. Gunter Karste ist Biologe und seit 1990 der Brockengärtner. Dass die Reste des Gartens über die Wirren der Wende gerettet wurden und der Brockengarten zu einem vielbesuchten Ort mit seltensten Pflanzen aus aller Welt geworden ist, ist ihm und seinen Mitarbeitern zu verdanken.

Wie kommen eigentlich Pflanzen aus den Rocky Mountains oder dem Himalaya in den Brockengarten?

Zum Glück sind wir gut vernetzt. Der Samentausch, auch der internationale, hat eine lange Tradition. Dazu konnten wir auf Pflanzen aus den Botanischen Gärten in Halle und Göttingen in der Wiederaufbauphase nach der Wende zurückgreifen. Hinzu kam, dass Wolfgang Strumpf aus Wernigerode, der jahrelang mit mir im Brockengarten gearbeitet hat, viele Arten aus seinem privaten Alpinum spendete.

Der Brockengarten ist Jahrzehnte nicht gepflegt worden, nur wenige Pflanzenarten haben überlebt. Wie viel ist denn von der Anlage erhalten geblieben?

Eine ganze Menge, obwohl das hier im Jahr 1990 eine militärische Festung war. Dabei hatten wir aber auch sehr, sehr viel Glück, denn genau an dieser Stelle war nämlich von den sowjetischen Streitkräften ein großes Treibstofflager geplant. Dazu ist es nicht mehr gekommen, der Fall der Mauer hat dieses Vorhaben gestoppt.

Deshalb sind die Beete, die man im Garten sehen kann, noch die, die um 1900 angelegt worden sind. Das gilt aber wie gesagt nicht für die Pflanzen selber, von denen nur sehr wenige die Zeit

überdauert haben. Ein besonders auffälliges Beispiel kann man aber im Versuchsteil des Gartens sehen, eine *Tsuga mertensiana*, die Berg-Hemlocktanne. Sie wurde 1890 gepflanzt und wird also in einigen Jahren ihren 125. Geburtstag begehen.

Wer sind denn Ihre Besucher, nur Experten oder auch Hobbygartenfreunde?

Nun, das sind zum einen die Leute, die den Brocken besuchen und sich dann auch den Brockengarten ansehen wollen, und zum anderen die, die extra wegen des Brockengartens kommen. Die letztgenannte Gruppe nimmt dabei immer mehr zu. Bei diesen Besuchern handelt es sich um engagierte Naturschützer, um professionelle Botaniker oder Vereine wie die Deutsche Fuchsien-Gesellschaft, die hier mit 120 Mitgliedern zu Besuch war.

Der Garten ist von Beginn an sowohl als Schaugarten und auch als ökologische Feldstation geplant gewesen, die sich um die Renaturierung der Brockenkuppe zu kümmern hatte. Das ist natürlich ein Thema, das heute besonders die Experten interessiert. Die anderen Besucher staunen hingegen vor allem über die verschiedenen Herkunftsländer der Pflanzen, ihre filigrane Schönheit oder ihre Fähigkeit, in diesem Klima überleben zu können.

Mit der deutschen Teilung kam das vorläufige Aus für den Brockengarten, denn nachdem Militär und Geheimdienste den Brocken in den 1960er Jahren in Beschlag genommen hatten, wurden die Besucher ausgesperrt und schließlich, im Jahr 1971, auch die wissenschaftliche und pflegerische Arbeit vollständig eingestellt. Der Garten verfiel. In der Folgezeit eroberten einheimische Pflanzen den Garten zurück. Ein kleines Exil gab es aber dennoch, wenn auch nicht auf dem Brocken selbst. An den Zeterklippen, einer markanten

links: Am Wochenende begleiten unter anderem die Ranger des Nationalparks die Besucher durch den Brockengarten.

rechts: Wellensittich-Enzian

Unterwegs mit Brockengärtnern und Rangern

Von Mitte Mai bis Mitte Oktober können Besucher den Brockengarten montags bis freitags zweimal täglich mit dem Brockengärtner erkunden, an den Wochenenden und an Feiertagen nur in Kombination mit der Rundwegsführung. Die Gartenbesichtigung dauert ca. 60 Minuten. Der Treffpunkt ist immer der Eingang der Wetterwarte auf dem Brocken.
Gruppen werden gebeten sich anzumelden: Tel. (039 43) 55 02 20 oder (01 70) 570 90 15.

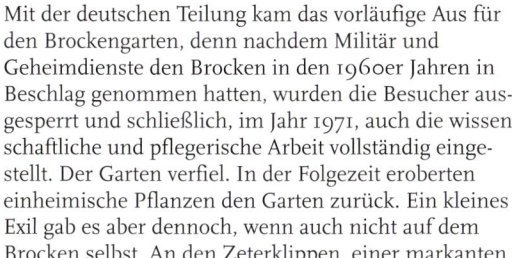

Felsformation auf dem Renneckenberg im Harz, wurde ein kleiner Schutzgarten für vom Aussterben bedrohte Pflanzen aus dem Harz geschaffen.
    Nachdem die Absperrung der Brockenspitze gefallen war, musste eine traurige Bilanz erstellt werden: Nur 97 der ehemals 1.400 kultivierten Arten konnten 1990 bei der Bestandsaufnahme erneut katalogisiert werden.

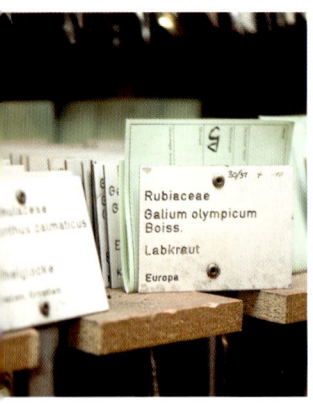

Rubiaceae
Galium olympicum
Boiss.
Labkraut
Europa
Die Beete sind im Brockengarten nach Regionen angelegt. Pflanze für Pflanze ist sorgfältig benannt.

Allerdings wurden schon bald wieder Pflanzen gesetzt, Schilder beschriftet und Wege gezogen. Maßgeblich daran beteiligt waren die Mitarbeiter des Nationalparks und der Botanischen Gärten der Universitäten Halle und Göttingen. Heute besteht der Garten aus einem öffentlichen Schauteil und einem Versuchsbereich, in dem Untersuchungen zum Biotop- und Artenschutz durchgeführt werden.

Neben dem eigentlichen Garten kümmern sich die Mitarbeiter auch um die Renaturierung des Brockengipfels, und hier ist noch viel Arbeit notwendig. Wer über die Wege des Brockens läuft, sieht große Flächen, die mit Gras, genauer mit dem Wolligen Reitgras bewachsen sind. Diesen Bewuchs zurückzudrängen, ist dabei die Kernaufgabe, denn dieser Zuwanderer nimmt den anderen Pflanzen Licht und Wasser und verdrängt so die Zwergstrauchheide. Rund 30 Arten haben aber auch schon den umgekehrten Weg vom Garten auf den Rest des Plateaus genommen. Es wird von den Wissenschaftlern nicht gern gesehen, wenn sich standortfremde Arten unter die heimische Flora mischen.

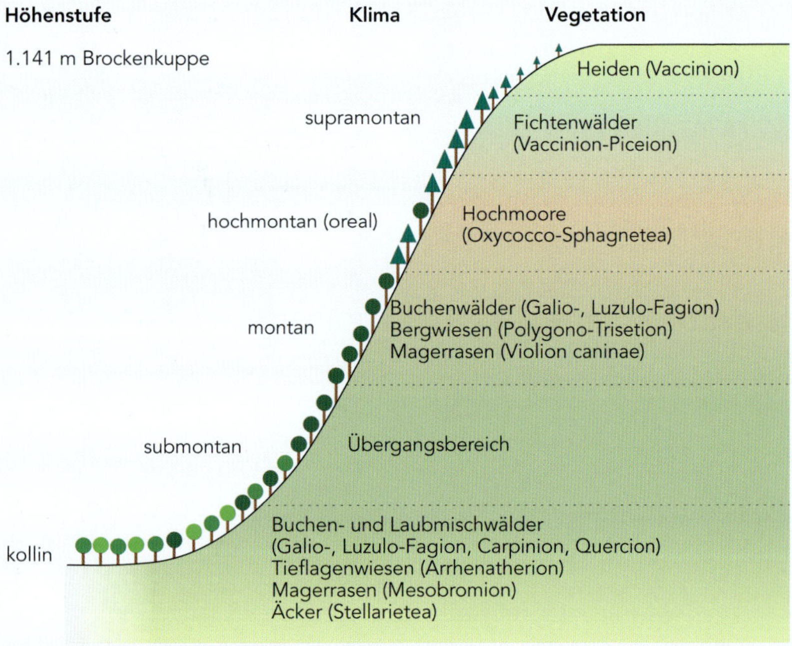
Höhenstufe
Klima
Vegetation
1.141 m Brockenkuppe
Heiden (Vaccinion)
supramontan
Fichtenwälder (Vaccinion-Piceion)
hochmontan (oreal)
Hochmoore (Oxycocco-Sphagnetea)
montan
Buchenwälder (Galio-, Luzulo-Fagion)
Bergwiesen (Polygono-Trisetion)
Magerrasen (Violion caninae)
submontan
Übergangsbereich
kollin
Buchen- und Laubmischwälder
(Galio-, Luzulo-Fagion, Carpinion, Quercion)
Tieflagenwiesen (Arrhenatherion)
Magerrasen (Mesobromion)
Äcker (Stellarietea)
Vegetationsstufen nach H. Dierschke und J. Knoll (aus: Der Harz, ein norddeutsches Mittelgebirge. Natur und Kultur unter botanischem Blickwinkel. Tuexenia 22: 279–421.)

Tierwelt im Brockenhaus
Expedition unterm Dach

Zu Besuch im „Urwald" des Brockens und das ganz ohne „Wind und Wetter" im Brockenhaus

Die Ranger des Nationalparks bieten täglich einstündige Führungen rund um die Brockenkuppe an:
November bis April
täglich 12 Uhr,
Treff: Eingang Brockenhaus;
Mai bis Oktober
täglich 11 Uhr und 13 Uhr,
Treff: Eingang Wetterwarte

Sturm, Regen, Schnee, Nebel und manchmal auch brennende Sonne – die Brockenspitze ist kein Paradies. Fast alles, was hier lebt, scheint sich wegzuducken. Die wenigen Bäume sind gedrungen, und Tiere scheint es gar nicht zu geben. Nichts ist zu hören oder zu sehen.

Das liegt vor allem daran, dass die meisten Vögel, Säugetiere und Insekten ein Leben unterhalb der Waldgrenze bevorzugen, die ungefähr bei 1.000 Metern liegt. Den Lebensraum auf der stürmischen Kuppe überlassen sie lieber den Spezialisten, die sehr unauffällig sind und deshalb meist übersehen werden. Zu ihnen gehört zum Beispiel der Wiesenpieper, der etwa so groß wie die Bachstelze und mit seiner bräunlichen Zeichnung gut getarnt ist. Gleiches lässt sich über einen anderen Bewohner der Kuppe sagen: die Bergeidechse. Insekten treten hier in relativ vielen Arten auf. Die Schneemücke, die nicht fliegen kann, und der Schneefloh gehören zu den besonderen Arten. Von den großen Tieren lässt sich einzig der Rothirsch manchmal blicken.

Weiter unten – in Richtung der Täler – leben Tiere und wachsen Pflanzen, die in Deutschland sehr selten geworden sind. Ein besonders faszinierender Vertreter dieser Arten ist der Luchs. Ein Raubtier, das schon vor

200 Jahren in Mitteleuropa so gut wie ausgestorben war. Zwischen 2000 bis 2006 hat die Nationalparkverwaltung 24 Luchse im Harz ausgewildert, die sich hier offensichtlich sehr wohlfühlen, denn bis 2010 wurden rund 70 von den Raubtieren mit den Pinselohren geboren. Wie viele es heute sind, vermag niemand genau zu sagen, aber die Wahrscheinlichkeit, dass sich ein Luchs im näheren Umkreis aufhält, ist für den Brockenwanderer nicht gering, die Wahrscheinlichkeit, die ausgesprochen scheuen Tiere auch zu sehen, aber sehr, sehr klein. Deshalb ist es interessant, ein echtes, wenn auch ausgestopftes Exemplar im Urwaldraum des Brockenhauses in einer nachgestellten Szenerie betrachten zu können. Der Luchs ist übrigens nicht als Ausstellungsstück gejagt worden, sondern eines natürlichen Todes gestorben. In direkter Nachbarschaft zu ihm sitzt ein Sperlingskauz mit einer Waldmaus in seinen Fängen und guckt die Besucher misstrauisch an. Ein paar Meter weiter starrt ein Fuchs auf seine Beute, während der Schwarzspecht an seinem Baumstamm ausruht.

Luchs im Brockenhaus

Es braucht in diesem Raum nicht viel Fantasie, um sich auszumalen, wie es in den Kernzonen des Nationalparks aussieht. Kernzonen, ein Wort, das auch den Brockenurwald meint, also die Stellen im Nationalpark, in denen der Einfluss des Menschen sehr gering ist und die auch von den Besuchern nicht betreten werden dürfen. Besonders eindrucksvoll zeigt sich der ursprüngliche Wald im Bergfichtenwald am Brockenosthang. Viele der Fichten sind zwischen 200 und 300 Jahre alt. Hier lässt man die Natur einfach Natur sein.

Der Urwaldraum ist nicht der einzige Ort, in dem sich der Nationalpark im Brockenhaus wiederfindet. Auch die zweigeschossige und multimediale Installation in der Mitte des Brockenhauses zeigt den Nationalpark Harz in riesigen Bildern und mit Ton untermalt.

Es gibt 14 Nationalparks in Deutschland. Das sind Landschaften, in denen die Natur weitgehend sich selbst und ihren eigenen Gesetzen überlassen bleibt. Sie schaffen oder bewahren Rückzugsgebiete für wildlebende Pflanzen und Tiere und sind deshalb unverzichtbar für die biologische Vielfalt und den Artenreichtum unserer Erde.

Sperlingskauz im Brockenhaus

Henning Möller, Nationalpark-Ranger
„Von uns gibt es nicht viele."

Henning Möller ist Leiter des Natio-
nalpark-Rangerteams in Sachsen-
Anhalt. Er ist gelernter Waldarbeiter,
hat dann ein Forststudium abge-
schlossen, war Revierförster und ist
seit 13 Jahren Ranger. Gemeinsam
mit seinen 40 Kollegen ist er im
Wechsel an 365 Tagen im Jahr im
Wald, in den Nationalparkhäusern,
auf dem Brocken und im Brocken-
haus zu finden.

Ein Ranger, das klingt nach Pferden, nach
Einsamkeit, nach Schurkenjagd ...

(lacht) Nicht ganz. Unsere Aufgaben
sind sehr vielfältig. Dazu gehört auch
das, was sich wohl die meisten unter
unserem Beruf vorstellen: die sogenannte Gebietskontrolle. Dabei sehen wir tatsächlich im Nationalpark nach dem
Rechten und verfolgen dabei auch Ord-
nungswidrigkeiten – inklusive des Kas-
sierens von Verwarngeldern. Soweit
müssen wir aber nur selten gehen. Wir
erklären lieber, warum manche Sachen
im Nationalpark nicht gemacht werden
dürfen, und das funktioniert ganz gut.
    Der zweite große Bereich sind die
Führungen. Mehr als 1.000 leiten wir im
Jahr – von Kindergartengruppen über
Schulklassen bis zum Kegelverein, Gruppen mit Fachleuten oder Menschen, die
gehbehindert sind, oder auch Besuchergruppen mit Blinden. Mit so vielen Menschen zusammenzukommen, ist
unglaublich interessant. Drittens kümmern wir uns auch noch um die Natio-
nalparkhäuser, helfen Besuchern, geben
Informationen aus ...

Viele stellen sich Ihren Beruf als einen
„Traumjob" vor. Ist er das wirklich?

Ja, das ist er. Ich bin viel im Wald und
auf dem Brocken unterwegs und lerne
immer wieder neue Menschen kennen.
Dazu gehören Kinder, aber auch Fachbe-
sucher, es ist sehr abwechslungsreich.
Wir bekommen von den Leuten viel Lob,
und unsere Führungen sind oft lange im
Voraus ausgebucht. Dazu kommt, dass
es schon etwas Besonderes ist, in einem
Nationalpark Ranger zu sein. Von uns
gibt es in Deutschland nicht viele.

Ranger ist sicher kein klassischer Lehrberuf.
Was sind Sie von Beruf?

Man braucht bei der Bewerbung viel
Glück, weil es wie gesagt nur wenige
Stellen in Deutschland gibt. Ich bin
gelernter Waldarbeiter und habe dann
ein Forststudium absolviert, anschlie-
ßend ein paar Jahre als Revierförster
gearbeitet und mich dann hier als Natio-
nalpark-Wachtleiter beworben. Mit viel,
viel Glück habe ich diese Stelle auch
bekommen. Übrigens ist die offizielle
Berufsbezeichnung nicht „Ranger", sondern „Geprüfter Natur- und Landschafts-
pfleger", aber weil der Titel so schwer zu
merken ist, hat sich die amerikanische
Bezeichnung eingebürgert.

Aber nicht nur durch die Ausstellung sind Nationalpark und Brockenhaus eng verknüpft. So trifft man
nicht selten einen Ranger im Brockenhaus, und die
Post für das Brockenhaus wird in der Nationalparkverwaltung in Wernigerode gesammelt und dann nach
oben gebracht. Die Verbindung der beiden hat eine
lange Geschichte: Es war neben anderen auch die
Gesellschaft zur Förderung des Nationalparks Harz
e. V., die dazu beitrug, dass die Ausstellung zum Brocken heute ihren Standort in der ehemaligen Abhörzentrale der Staatssicherheit hat. Sie war auch für mehrere
Jahre der freie Träger des Brockenhauses, bevor 1998
die Trägerschaft an das Land Sachsen-Anhalt übertra-
gen wurde.

Gesellschaft zur Förderung
des Nationalparks Harz e. V.
Grummetwiese 16
38640 Goslar
Tel. (01 70) 220 91 74
info@gfn-harz.de
www.gfn-harz.de

Das Wort Nationalpark weckt die Vorstellung von
unberührter Natur – sicher oft zu recht, aber nicht
immer. Denn auch ein so großes Schutzgebiet wie ein
Nationalpark mit seinen strengen Regeln hat unter
Fehlentwicklungen vergangener Zeiten zu leiden. Welche Folgen der Mensch mit seinem Handeln im Harz
hinterlassen hat, lässt sich auf dem Weg zur Brockenspitze sehr gut sehen: Im Nationalpark und im rest-
lichen Harz sterben die Fichten.

Schuld ist der Fichtenborkenkäfer, den es vermutlich
genauso lange gibt wie die Fichten selber. Der auch
„Buchdrucker" genannte Käfer ist ein Rindenbrüter
und befällt normalerweise nur alte und geschwächte
Bäume – vitale Bäume setzen sich meist erfolgreich zur
Wehr. Erst bei Massenvermehrungen macht er sich
auch über augenscheinlich gesunde Fichten her, und
im Harz gibt es genau dafür allerbeste Vorausset-

Die kleinen Käfer vernichten große Waldgebiete.

zungen. Denn seit Jahrhunderten ist die Fichte der „Brotbaum" der Harzer Forstwirtschaft. Sie wird schon sehr lange wegen ihres schnellen Wuchses und ihrer guten Holzqualität angebaut. Eigentlich ist die Fichte in den rauesten Hochlagen des Gebirges zu Hause, wo sich der Borkenkäfer nicht besonders wohlfühlt. Aber in den tieferen Lagen wächst die Fichte viel schneller als an ihrem natürlichen Standort, weshalb sie weit über ihre natürliche Verbreitung hinaus kultiviert wurde. Die Harzbewohner haben in vergangenen Jahrhunderten aus ihrer Sicht genau das Richtige getan, als sie für den gigantischen Holzbedarf von Bergbau und Hüttenwesen den Naturwald des Harzes zugunsten der Fichte völlig „umkrempelten". Den Laubmischwäldern wurde der Lebensraum genommen. So ist heute mehr als die Hälfte des Harzes mit Fichten bewachsen. Aus ökologischer Sicht sind die Forsten damit so instabil wie ein Kartenhaus: Es reicht wenig, um sie zu Fall zu bringen.

Die „malerischen" Spuren des Borkenkäfers

Die Nationalparkverwaltung und die Harzer Forstämter stehen heute vor einer schwierigen Aufgabe, denn neben dem Borkenkäfer und den Stürmen macht auch der Klimawandel den Fichten zu schaffen. Waldökologen gehen davon aus, dass sich ihr Absterben auch in den nächsten Jahren fortsetzen wird. Nicht nur im Harz, sondern auch in vergleichbaren Gebirgslagen in ganz Mitteleuropa.

Zurzeit wird im Nationalpark Harz auf 51 Prozent der Fläche der Wald sich selbst überlassen. Das heißt, dass hier Natur einfach Natur sein darf. Das ist nach rund 20 Jahren Arbeit im Entwicklungsnationalpark Harz ein beachtliches Ergebnis. Aber man kann die sterbenden Fichtenwälder oft nicht einfach sich selber überlassen, weil dann zum größten Teil wieder Fichten nachwachsen und das Problem fortbestehen würde. Die Nationalparkverwaltung versucht deshalb, den Zusammenbruch der Fichtenforste mit waldbaulichen Methoden zu verzögern. Das einzige Mittel, um die Fichtenbestände zu schützen, ist die schnelle Beseitigung der Befallsherde, im ungünstigsten Fall auch mit schweren Maschinen – etwas, das kein Nationalpark gern tut. Aber der Einsatz dieser Geräte ist die einzige Alternative zur schweren und gefährlichen Forstarbeit früherer Zeiten.

Im Inneren des Nationalparks lautet die Entscheidung häufig „laufen lassen", vor allem dann, wenn die Laubbaumarten, die den neuen Wald begründen sollen, schon in den „Startlöchern" stehen, denn ein Mischwald ist das Ziel. Um die Waldbestände des Harzes vor einer möglichen „Borkenkäferwelle" aus dem Nationalparkgebiet zu schützen, wird grundsätzlich in einem rund 500 Meter breiten Streifen eine konsequente Borkenkäferbekämpfung vorgenommen, in gefährdeten Lagen auch darüber hinaus.

Übrigens ist der Borkenkäferbefall kein Problem dieses Jahrhunderts. Bis ins 15. Jahrhundert zurück reichen entsprechende Berichte. Ganz dramatisch war die „Große Wurmtrocknis", die zwischen 1770 und 1800 wütete. Anfangs schlug man die stark befallenen Bäume, um das Holz zu retten. Allmählich setzte sich aber die Kenntnis durch, dass bereits die frisch befallenen Bäume gefällt und abtransportiert werden müssen, da ansonsten die Käfer weitere Schäden anrichten würden.

Der Borkenkäfer folgt dem Geruch kränkelnder Fichten. Auch wenn sich die Bäume mit klebrigem und giftigem Harzfluss wehren, ihre Chance ist gering. Denn der Borkenkäfer wandelt die Harzinhaltsstoffe in für den Borkenkäfer höchst attraktive Duftstoffe um. Und dann kommen sie in Massen.

Der Große achtzähnige Fichtenborkenkäfer, nur 4,2 bis 5,5 Millimeter klein, wird auch Buchdrucker genannt, da die Larvengänge des Käfers geschnittenen Lettern ähneln (siehe linke Seite).

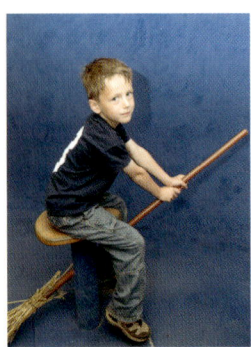

Berühmte Besucher auf dem Brocken
Von Dichtern und Wissenschaftlern

Der Glaube an Geisterwesen, egal ob freundliche oder bösartige, war auf der ganzen Welt zu allen Zeiten verbreitet – bis heute. Dass sich ein Gebirge wie der Harz mit seinen großen dunklen Wäldern, abgeschiedenen Tälern und seinen Felsformationen besonders gut als Lebensraum für alles „Unheimliche" eignet, liegt auf der Hand. Der Brocken, so dicht am Himmel und gleichzeitig oft so abschreckend durch mehr als 300 Tage im Jahr, an denen seine Spitze im Nebel liegt, ist die perfekte Projektionsfläche für sämtliche Ängste vor dem Unerklärlichen.

Hexen waren für die Menschen des Mittelalters Dienerinnen des Teufels, die sowohl für männliche Impotenz als auch für Unwetter, Missernten und noch vieles andere verantwortlich waren. Das Fliegen auf den berühmten Hexenbesen und die Fähigkeit, sich mittels Salbe unsichtbar machen zu können, zählten zum kleinen Einmaleins der Hexen. Noch heute erinnern Begriffe an die damalige Zeit: Mit einem Hexenschuss ist nicht zu spaßen, wer mag schon in einen Hexenkessel geraten, und Hexenjagden soll es ja heute noch geben.

Um im Mittelalter als Hexe verdächtigt zu werden, brauchte es nicht viel, ein paar Kenntnisse in Naturheil-

Wer an der Kasse im Brockenhaus bezahlt hat, kann sofort mit dem Hexenbesen in die Luft gehen.

kunde oder der Geburtshilfe waren völlig ausreichend. Aber das war nur die eine Seite, die andere war besonders der Kirche ein Dorn im Auge und hatte mit Sexualität zu tun. Hexen galten zum einen als äußerst wollüstig und konnten zum anderen mit ihrem Wissen für Empfängnisverhütung und Schwangerschaftsabbrüche sorgen. Drei Dinge, die der Klerus zweifellos nicht zu schätzen wusste.

Die Jagd auf Hexen hatte in Deutschland ihre Zeit zwischen 1350 und 1700. Dabei bediente man sich gerne der „Fachleute", die als „Hexenriecher" oft nichts anderes als Denunzianten waren, die Dorfklatsch oder Ähnliches benutzten, um andere in Misskredit zu bringen, und die dafür auch noch entlohnt wurden.

Dass bei den meist folgenden Hexenprozessen unglaubliche Brutalität und widerwärtigster Sadismus gang und gäbe waren, ist wohl bekannt. Was nicht jeder weiß, ist, dass ihre Opfer zwar hauptsächlich, aber nicht nur Mädchen und Frauen waren. Auch Männer gehörten dazu. Das Ende der Untersuchungen und Prozesse war in aller Regel der Scheiterhaufen.

In und um Wernigerode wurden zwischen 1521 und 1638 nachweislich 26 Frauen und zwei Männer verbrannt. Eines der Opfer, Anna Beringer aus Nordhausen, hatte am 18. April 1537 nach schwerer Folter gestanden, dass sie „einmal zur Walpurgisnacht auf dem Brocken gewesen sei, und ihr Buhle habe sie auf einem weißen Ziegenbock geholt, durch die Lüfte geführt und ihr geboten, dass sie nichts sagen solle."

Viele Namen von Gefolterten sind heute noch bekannt: Anna Damms, Magdalene Hermes oder die 73 Jahre alte Witwe Margarethe Schönfelds. Bei den Männern ist Hermann Stromeier zu nennen, der unter Folter aussagte, den Brocken einmal im Jahr aufgesucht zu haben.

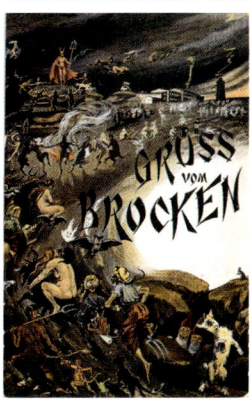

Postkarten vom Brocken ohne Walpurgis und Hexen? Undenkbar!

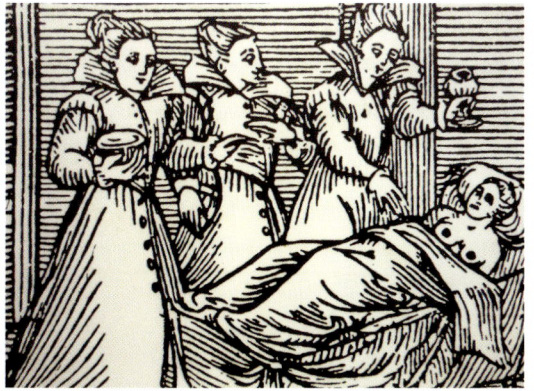

Frauenheilkunde und Hexerei waren für die Menschen des Mittelalters „benachbarte Disziplinen".

Im Protokoll heißt es:

„Seine buhelinne hab ihn uff einem Pferde, welches lange große Ohren gehabt, uff welchem er den hindern durchgeritten, dahin geführet. Uff dem Brocken hetten sie getanzet, der Spielmann wehere ein kleiner kerlen gewesen, hette ein spielwergk gehabt, hette gebrummet wie eine Lautte, in dem Tantzen wehre er einßmalen uber den Brocken geführet, da wehre er all lamb worden, und die zeit wen sie wieder hienunter gezogen, wehre umb mitnacht gewesen."

Das Café Hexenflug im Brockenhaus ist liebevoll mit Teufel und Hexe dekoriert.

Heute sind Walpurgisnacht und Hexenkult vor allem ein wichtiger Faktor des Tourismus. Hexen sitzen als kleine Figuren in den Regalen neben anderen Andenkenartikeln, finden sich auf Postkarten und gehören einfach zum Brocken dazu. Gegen Ende des 19. Jahrhunderts veranstaltete der Harzklub-Zweigverein Wernigerode die Walpurgisfeiern zuerst in Schierke, später dann auf dem Brocken. Ab 1901 wurden die rund 500 zechfreudigen Gäste sogar mit Sonderzügen auf den Brocken gebracht. Heutzutage wird an vielen Orten im Harz die Walpurgisnacht von Tausenden von Menschen gefeiert. Der traditionelle Gruß – jeder andere ist zu vermeiden! – lautet in dieser Nacht „Hussa-Hu!", und Mann und Frau sollten tunlichst als Teufel und Hexe verkleidet sein.

Die Geisterwesen waren es auch, die dem Brocken zu außerordentlichem literarischen Ruhme verhalfen. Ja, Recht haben all jene, die dabei an Goethe und seinen „Faust" denken. Dass der größte unter den deutschen Dichtern den Brocken zu einem der zentralen Orte seines Faust machte, könnte heute fast als vorbild-

Walpurgisnacht, Teufelskanzel und Hexenaltar

Wer aus dem Brockenhaus tritt und sich auf den Rundwanderweg um die Brockspitze begibt, kommt nach ungefähr der Hälfte der Strecke an Teufelskanzel und Hexenaltar vorbei. An dieser Stelle, so heißt es, habe der Teufel zu seinen Gästen gepredigt, und der Hexenaltar war so etwas wie der Tisch für das Buffet. Zusätzlich wurden Orte ausgemacht, an denen sich der Hexentanzplatz befunden haben soll oder auch das Hexenwaschbecken, das sich „von selbst" immer wieder füllte.

Die Walpurgisnacht ist übrigens kein spezifisches Fest des Brockens, sondern ein europäisches. Namensgeberin ist die Äbtissin Walpurga, die zwischen 710 und 779 in England lebte. Der Gedenktag der Heiligen wurde im Mittelalter durch das Läuten von Glocken zur Abwehr von Hexenumtrieben begangen und zwar in der Nacht vor ihrer Heiligsprechung am 1. Mai. Ob der Brocken wirklich jemals eine heidnische Kultstätte war, darf bezweifelt werden. Zum einen lag er zu weit weg, und auch sein Wetter war nicht berechenbar, zum anderen gibt es bis heute keine archäologischen Funde, die sich in diese Richtung deuten ließen.

Die Teufelskanzel, in deren Nähe Goethes Dr. Faust die Walpurgisnacht verbrachte

liche Imagekampagne für den Harz gelten. Aber Goethe war bei weitem nicht der erste.

Die literarischen Quellen zu den Geisterwesen am „Brochelsberg" gehen viele Jahrhunderte zurück. Schon um 1300 gab es ein Gedicht, das davon erzählte, dass Geisterwesen hier ihren Treffpunkt hätten. Aber eigentlich war es ein anderer, der zum Hexenglauben Erhebliches beitrug: Johannes Praetorius. Er hieß eigentlich Hans Schultze und wurde 1630 geboren. In seinem Buch „Blockes-Berges Verrichtung" schreibt Praetorius „von den hohen trefflich alt- und berühmten Blockes-Berge: ingleichen von der Hexenfahrt und Zauber-Sabbathe". Wie sich Praetorius die Walpurgisnacht vorgestellt hat, lässt sich einem Holzschnitt entnehmen, auf dem eine Versammlung von tanzenden nackten Frauen zu sehen ist, es wird auf Ziegenböcken geritten und in der Mitte hockt der Teufel in Form eines großen Ziegenbocks, dessen Hinterteil von einer Hexe geküsst wird. Warum der Teufel den Auftritt als Ziegenbock bevorzugt, erklärt Praetorius so:

„Warum aber der Teuffel sich gerne in Bocks Gestalt erzeigte kann vielleicht auß dieser Ursache geschehen weil der Bock ein stinckend und geil Thier ist."

Hermann Löns wurde etwa 200 Jahre nach Praetorius geboren und ist vor allem als Heidedichter bekannt geworden, jedoch auch als Autor, dessen Werke von den Nationalsozialisten außerordentlich geschätzt wurden. Aber er hat nicht nur etwas zur Heide und Natur hinterlassen, sondern auch einiges zum Brocken. Dazu gehört

Der Schöpfer von „Max und Moritz" und der „Witwe Bolte", Wilhelm Busch, war ebenfalls auf dem Brocken zu Gast.

eine Abrechnung – anders kann man sie nicht nennen – mit dem Brockenbuch von Johannes Praetorius:

„... brachte es ... der Leipziger Magister Prätorius, in seinem 1668 erschienen ebenso dickbäuchigen, wie aberwitzigen Buche ‚Blockes-Berges-Verrichtung' fertig, unter dem Deckmantel der Gelehrtheit das blödeste Zeug von dem Satansdienste auf dem Berg zusammenzufaseln ... es war dem sächsischen Magister doch gelungen, den Berg in schlechten Ruf zu bringen und ihn zu dem Übelnamen Blocksberg zu verhelfen ... Unhold galt fortan der gute Berg und nur vorurteilslose Männer nahten sich seinem Gipfel ..."

Allerspätestens jetzt stellt sich die Frage, wer eigentlich der erste Brockenbezwinger war. Wem gebührt die Ehre? Eine Frage, auf die es keine Antwort gibt. Es lässt sich noch nicht einmal das Jahrhundert eingrenzen, in dem der erste Mensch zwischen den Brockenanemo-

... der Berg ist heute zaubertoll – Goethe auf dem Brocken

„Die Hexen zu dem Brocken ziehn, die Stoppel gelb, die Saat ist grün.
Dort sammelt sich der große Hauf, Herr Urian sitzt oben auf.
So geht es über Stein und Stock, es farzt die Hexe, es stinkt der Bock." – Faust I

Johann Wolfgang von Goethe war gleich drei Mal auf dem Brocken – kein einziges Mal davon bloß als Wanderer, sondern als Wissenschaftler. Geologie, Bergbau und die Meteorologie interessierten ihn, außerdem wählte er die Brockenspitze für eine Szene in seinem „Faust". Womit der Berg zu einem Teil der Weltliteratur wurde. Touristen, die im Harz unterwegs sind, finden vielfach Hinweise auf den großen Dichter. Der bekannteste ist sicher der Goetheweg, ein vielfach genutzter Wanderweg, auf dem einstmals auch Goethe die Brockenspitze erklomm.

An Goethe ist auf dem Brocken kein Vorbeikommen.

Heinrich Heine kam bei seiner „Harzreise" als Student auch am Brocken vorbei, wie auf der folgenden Seite zu lesen ist.

nen stand und sich hoffentlich über gutes Wetter und weite Sicht freute. Auch wenn der Brocken frühe Erwähnung fand, sind sich die Chronisten offensichtlich ganz und gar nicht einig, welche Quelle denn nun tatsächlich die erste ist. Die „Sächsische Weltchronik" ordnet 1176 einen Kampf geografisch *bi dem broke* ein. In einem Forstverzeichnis von 1407 heißt er „Brocberg". Andere gehen viel weiter zurück und finden Hinweise, zumindest auf den Harz, bei Aristoteles, Tacitus und Ptolemäus. Über die Jahrhunderte haben immer wieder Menschen von Rang und Namen den Brocken bestiegen. Zum Beispiel im Jahr 1560 der Kartograph Tilemann Stoll oder 1579 der Hildesheimer Bürgermeister Henni Arneken und rund 60 Jahre später Otto von Guericke, der nicht nur Bürgermeister von Magdeburg, sondern auch Naturwissenschaftler war.

So geht das immer weiter und entwickelte sich zu einem regelrechten Ansturm, sicher erheblich befeuert von Goethes „Faust". Dem Dichterfürsten folgten Alexander von Humboldt, Heinrich von Kleist und Gottfried Seume. Im 19. Jahrhundert kamen sie dann alle: Ludwig I., König von Bayern, Friedrich Wilhelm III., König von Preußen, Joseph von Eichendorff, Caspar David Friedrich, Carl Friedrich Gauß, Wilhelm I., der Deutsche Kaiser, Hans Christian Andersen oder Otto von Bismarck, und die Liste ist damit noch lange nicht vollständig. Der Brocken wurde zu einem Berg, auf dem man gewesen sein musste. Das hat sich übrigens bis heute nicht geändert. Seit dem Fall der Mauer waren ganze Heerscharen von Politikern, darunter Bundeskanzler und Bundespräsidenten, auf dem höchsten Berg in Deutschlands Norden.

Alexander von Humboldt war an vielen Orten der Welt: Lateinamerika, Zentralasien – und auch auf dem Brocken.

Die Geschichte eines besonders dramatischen Brockenbesuchs geht auch heute noch zu Herzen: 1836 wollte sich ein unglücklich verliebtes Paar gemeinsam auf der Brockenspitze umbringen. Er, Professor von der Hagen, soll sie, Karoline Klüngel, auf ihren Wunsch hin erschießen und dann sich selber. Aber alles ging schief. Er brauchte drei Schüsse, um die Schwangere zu töten, und vermochte es dann nicht, die Waffe auf sich selbst zu richten. Aber ganz allein ließ er sie am Ende doch nicht, im Gefängnis brachte er sich um.

„Und draußen brauste es, als ob der alte Berg mitsänge ..."

„Die Harzreise" ist sicherlich das bekannteste Prosawerk Heinrich Heines. Die Beschreibung der Landschaft nutzte Heine als Darstellung der deutschen Zustände seiner Zeit. Natürlich hat der Dichter auch den Brocken besucht. Hier ein Auszug aus seinen scharfzüngigen Beobachtungen.

Heinrich Heine hat den Brocken in seiner „Harzreise" verewigt.

„Das Haus, das, wie durch vielfache Abbildung bekannt ist, bloß aus einem Rez-de-Chaussee besteht und auf der Spitze des Berges liegt, wurde erst 1800 vom Grafen Stolberg-Wernigerode erbaut, für dessen Rechnung es auch, als Wirtshaus, verwaltet wird. Die Mauern sind erstaunlich dick, wegen des Windes und der Kälte im Winter; das Dach ist niedrig, in der Mitte desselben steht eine turmartige Warte ... Der Eintritt in das Brockenhaus erregte bei mir eine etwas ungewöhnliche, märchenhafte Empfindung. Man ist nach einem langen, einsamen Umhersteigen durch Tannen und Klippen plötzlich in ein Wolkenhaus versetzt. Städte, Berge und Wälder bleiben unten liegen und oben findet man eine wunderlich zusammengesetzte, fremde Gesellschaft, von welcher man, wie es an dergleichen Orten natürlich ist, fast wie ein erwarteter Genosse, halb neugierig und halb gleichgültig, empfangen wird ...

... In der Wirtsstube fand ich lauter Leben und Bewegung. Studenten von verschiedenen Universitäten. Die einen sind gerade angekommen und restaurieren sich, andere bereiten sich zum Abmarsch, schnüren ihren Ranzen, schreiben ihre Namen ins Gedächtnisbuch, erhalten Brockensträuße von den Hausmädchen: Da wird in die Wangen gekniffen, gesungen, gesprungen, gejohlt, man fragt, man antwortet, gut Wetter, Fußweg, Prosit, Adieu. Einige der Abgehenden sind auch etwas angesoffen und diese haben von der schönen Aussicht einen doppelten Genuß, da ein Betrunkener alles doppelt sieht ...

... (dann) begann es zu dämmern: die Luft wurde noch kälter, die Sonne neigte sich tiefer, und die Turmplatte füllte sich mit Studenten, Handwerksburschen und einigen ehrsamen Bürgerleuten samt deren Ehefrauen und Töchtern, die alle den Sonnenuntergang sehen wollten. Es ist ein erhabener Anblick, der die Seele zum Gebet stimmt. Wohl eine Viertelstunde standen alle ernsthaft schweigend, und sahen, wie der schöne Feuerball im Westen allmählich versank; die Gesichter wurden vom Abendrot angestrahlt, die Hände falteten sich unwillkürlich; es war, als ständen wir, eine stille Gemeinde, im Schiff eines Riesendoms, und der Priester erhöbe jetzt den Leib des Herrn, und von der Orgel herab ergösse sich Palestrinas ewiger Choral ...

Im großen Zimmer wurde eine Abendmahlzeit gehalten. Ein langer Tisch mit zwei Reihen hungriger Studenten. Im Anfange gewöhnliches Universitätsgespräch: Duelle, Duelle und wieder Duelle ...

... den großen Schüsseln ... wurde fleißig zugesprochen. Jedoch das Essen war schlecht. Dieses erwähnte ich leichthin gegen meinen Nachbar, der aber, mit einem Akzente, woran ich den Schweizer erkannte, gar unhöflich antwortete: dass wir Deutschen wie mit der wahren Freiheit, so auch mit der wahren Genügsamkeit unbekannt seien ..."

Per Bahn, zu Fuß, auf Skiern und mit dem Flugzeug
Es geht auf den Brocken

Der Brocken ist ein großer Menschenmagnet. Im Nationalpark Harz geht man davon aus, dass jährlich über eine Million Menschen den Brocken besuchen. Wer nicht wandern mag, kommt mit der Bahn. Allein 2009 wurden auf der Eisenbahnstrecke rund 726.000 Fahrgäste gezählt. Dass die meisten die Bahn nehmen, liegt sicher nicht nur an ihrer Bequemlichkeit, sondern daran, dass die Fahrt mit den kleinen Waggons der Brockenbahn, die ein bisschen an Spielzeug erinnern, ein eindrucksvolles Erlebnis ist. Hier ist bereits der Weg das Ziel.

Allein die Möglichkeit, die Fahrt draußen auf den Plattformen zwischen den einzelnen Waggons zu verbringen, ist etwas ganz Besonderes: Das Zischen des Dampfes, das Rumpeln der Wagen auf den schmalen Spuren und dann dieser Geruch! Das ist der Qualm der brennenden Steinkohle, den man nicht unbedingt lieben muss, der einem aber die seltene Gelegenheit gibt, Nostalgie nicht nur zu sehen, sondern auch zu riechen. Düsterer Fichtenwald, klare Bäche, helle Lichtungen, gewaltige Felsen, hohlwegartige Streckenabschnitte, weite Blicke, Menschenleere und dann Orte, Wanderer und Mountainbiker – die Fahrt mit der Brockenbahn ist wunderbar abwechslungsreich.

Wo der Zug der Harzer Schmalspurbahn auch abfahren mag, er fährt immer über den Bahnhof von Drei Annen Hohne. Aber warum heißt Drei Annen Hohne eigentlich Drei Annen Hohne? Zu früheren Zeiten hieß die Station, die für das Forsthaus Hohne und das später entstandene Gasthaus Drei Annen eingerichtet wurde, Signalfichte. Die Signalfichte wurde, wie so vieles am Brocken, ein Opfer des Wetters, und so trägt die Station seit 1901 ihren etwas eigenwilligen Namen. Die drei Annen waren die Mutter, die Tochter und die Nichte des Grafen Christian Friedrich zu Stolberg-Wernigerode. Und Hohne leitet sich von den Hohneklippen ab, die diesen Namen schon seit vielen Jahrhunderten tragen.

Die nächste Station auf dem Weg zur Spitze ist dann Schierke, ein Luftkurort und einer der touristischen „Hotspots" im Harz. Der war auch der Namensgeber

Eine Erinnerung an die Nordhausen-Wernigeroder Eisenbahn Gesellschaft im Bahnhof von Wernigerode

Fahrt mit viel Ausblick – wenn das Wetter mitspielt

für den Schierker Feuerstein, für den der Apotheker Willy Drube 1924 das Patent erhielt. Dieser Kräuter-Halbbitter ist an sich gar nicht so feurig, wenn man vom Alkoholgehalt einmal absieht. Seinen Namen verdankt er den Feuersteinklippen in Schierke, die aus rötlichem Granit bestehen. Und natürlich kann diese ortstypische Spezialität bei einem Zwischenstopp auf dem Bahnhof in Schierke verköstigt werden. Nun aber geht es weiter auf den Brocken.

Je höher sich die Lok unter Schnauben, Rumpeln und Pfeifen kämpft, desto weiter der Blick. Schon bald sind nicht mehr nur einzelne Täler des Harzes zu übersehen. Dann endlich ist die Waldgrenze erreicht, die Lok schnauft und faucht, die Bäume werden kleiner und krüppeliger und schließlich fährt der Zug so etwas wie eine Ehrenrunde um die Brockenspitze, bevor er endlich in den kleinen Bahnhof einläuft. Diese Runde

ist nicht etwa der Ehrerweisung gegenüber dem Brocken geschuldet, sondern schlicht der Steigung. Der
Blick nach rechts in Fahrtrichtung macht deutlich, dass
der Brocken tatsächlich der höchstgelegene Bahnhof
aller Schmalspurbahnen in Deutschland ist: Berg, Tal
und Land bilden ein beeindruckendes Panorama.

Aber wenn der Zug dann steht und sich nur noch
leicht schnaufend erholt, hat kaum einer der Fahrgäste
noch Sinn dafür, aus dem Fenster zu sehen. Der eben
noch volle Zug leert sich wie im Handumdrehen, und
alle versuchen, sich zu orientieren und der Frage, wo
denn nun die Spitze sei, eine Antwort zu geben.

Der Zug der Reisenden zieht wie eine Prozession auf
das Brockenplateau, um sich hier zu trennen: Einige
gehen nach links zur steinernen Brockenspitze, andere
in das Brockenhotel, um sich zu stärken, wieder andere
gehen zum Brockenhaus, um sich die Ausstellung über
den Berg anzusehen. Und der übrige Teil? Der ist erst
einmal beim kleinen Bahnhof geblieben, um sich mit
Erbsensuppe aus der Gulaschkanone zu stärken.

Die Strecke der Brockenbahn zwischen Wernigerode, Drei Annen Hohne und dem Gipfel ist 33 Kilometer
lang und überwindet 910 Höhenmeter. Zwei Stunden
dauert die Fahrt durch unzählige Kurven und Win-
dungen. Dadurch beträgt die höchste Steigung 33 Prozent, und die Bahn kommt ohne Zahnräder aus. Trotzdem haben die Loks mit ihren 700 PS alle Mühe, den
Berg zu erklimmen.

Die Brockenbahn hatte bereits eine lange Geschichte, als noch nicht ein Gleis gelegt worden war. Es gab
viele Ideen und Pläne, den Harz mit der Bahn zu
erschließen, die von einer Pferdebahn über eine

Die Schienen der Brocken-
bahn liegen 1.000 Millimeter
weit auseinander. Zum
Vergleich: Der Abstand der
Schienen der Deutschen
Bahn beträgt 1.435 Milli-
meter. Auf dieser Normal-
spur werden 87 Prozent der
Strecken befahren, in der
Europäischen Union, aber
auch in China, Mexiko und
Nordamerika.

„Halt! Baum!"

... ruft der Heizer laut zum Lokführer, der sofort den Dampf zurücknimmt. Und trotzdem fährt die Lok mit Kraft gegen die vom Wind entwurzelte große Fichte. Ein Krachen hallt durch den Wald, aber kein Ruck geht durch den Zug, er bremst nur etwas stärker seine Fahrt. Kein Wunder, die 60 Tonnen schwere Lok kann problemlos 40 Zentimeter dicke Bäume durchknicken, als wären sie Streichhölzer. Kurz darauf sind die Waldarbeiter da und schneiden den Baum in wenigen Minuten mit ihren Motorsägen in handliche Stücke.

Mit befreiten Rädern geht es dann weiter in Richtung Brockenspitze. Der Heizer legt Kohlen auf, wie es korrekt heißt, in Wirklichkeit wirft er schwere Schaufeln mit Steinkohle in den glühenden Schlund der Lok. Die Feuertür wird dafür kurz geöffnet und gleich wieder verschlossen – nicht um den Heizer zu schonen, sondern um die Hitze im Kessel möglichst konstant zu halten. Der Lokführer wirft einen letzten prüfenden Blick auf die Gleise, dann wird der Dampfregler geöffnet, ein Pfiff erschallt, und langsam zuckelnd, aber immer stärker, stemmt sich das schwarze Ungetüm gegen Schwerkraft und Steigung.

Bald hat die Lok Fahrt aufgenommen, und der Lokführer hat alle Hände voll zu tun, den Dampfdruck so anzupassen, dass die Geschwindigkeit konstant bleibt – egal wie stark die Steigung gerade ist. Beim Zwischenstopp in Drei Annen Hohne wird die Zeit genutzt, um zu prüfen, ob Lager warm geworden sind, und um nachzuölen, damit alles wie „geschmiert" läuft.

Auf der Brockenspitze haben dann Lokführer, Heizer und die Zugbegleiter ihre wohlverdiente Pause, bevor sie gemeinsam mit den Besuchern den Brocken wieder hinunterfahren.

Wenn sich Technik und Natur treffen…

Jens Grimmecke, Lokführer der Brockenbahn
„Jede Lok ist anders."

Jens Grimmecke ist Wernigeroder durch und durch: Der 44-Jährige ist hier geboren, aufgewachsen, hat seine Ausbildung in der „bunten Stadt" absolviert und sorgt heute als Lokführer und Dispatcher mit dafür, dass die zahlreichen Touristen sicher auf den Brocken gelangen.

Herr Grimmecke, wie wird man denn Lokführer bei der Harzer Schmalspurbahn?

Ich habe noch zu DDR-Zeiten eine Ausbildung zum Triebfahrzeugschlosser mit der Spezialisierung zum Triebfahrzeugführer bei der Reichsbahn gemacht. Das war damals ein Lehrberuf. Heute heißt die richtige Bezeichnung übrigens Eisenbahnfahrzeugführer.

Sie sind ja nicht nur auf den Loks der Schmalspurbahn unterwegs, Sie arbeiten auch als Dispatcher ...

Ja, und die Arbeit lässt sich ganz einfach beschreiben: Ich sorge dafür, dass die richtige Lok und die richtigen Wagen zur richtigen Zeit am richtigen Ort sind.

Für die meisten Menschen ist der Beruf des Lokführers, oder richtiger Eisenbahnfahrzeugführers, etwas ganz Besonderes. Sie üben den Beruf seit 1984 aus, ist er für Sie mehr als einfach nur ein Arbeitsplatz?

Es ist immer noch etwas wirklich Besonderes, keine Frage! Das lässt sich aber schwer beschreiben. Jeder, der mal etwas mit einer Dampflok zu tun hatte, weiß, was ich meine. Das ist einfach ein ganz besonderes Fahrzeug, und jede Lok ist anders, ja, man könnte sogar sagen, dass sie unterschiedliche Persönlichkeit haben. Im Lauf der Zeit baut man ein sehr inniges Verhältnis auf. Aber wie

gesagt, das lässt sich schwer beschreiben. Aber noch etwas anderes macht die Arbeit so besonders, und das ist der Kontakt zur Natur. Wir müssen bei jeder Fahrt ständig unsere Köpfe aus dem Fenster halten und gucken, ob die Strecke frei ist, egal ob nun die Sonne scheint oder Schnee fällt.

Ob in Wernigerode, Schierke oder in Drei Annen Hohne, an jedem Bahnhof sind die Fotoapparate der Gäste auf Sie gerichtet. Stört Sie das?

Ja und nein. Auf der einen Seite ist es schön, dass sich die Besucher so für uns, die Technik und unsere Arbeit interessieren, darüber freuen wir uns, und damit haben wir auch in keinster Weise ein Problem. Auf der anderen Seite stören manchmal diejenigen, die rücksichtslos und aufdringlich sind. Aber das sind wirklich nur wenige. Und außerdem gibt es das ja nicht nur hier, das trifft man im Leben häufig an.

Hier wird der Lok Dampf gemacht.

Dampfstraßenbahn bis zur Zahnradbahn reichten, aber allesamt nicht fruchteten. Die Idee, die schließlich das Rennen machte, kam im Jahr 1896 vom Nordhäuser Bürgermeister Schusteruhs mit einem Bahnbaukomitee, das die Konzession von der Braunschweigischen Regierung zum Bau einer Bahn bekam.

Der Streckenverlauf sollte zwischen Nordhausen und Wernigerode liegen und schloss eine Stichbahn zur Brockenspitze ein. Die Entscheidung, Dampflokomotiven auf schmaler Spur zu nutzen, basierte einfach auf Kostengründen. Um kurz beim schnöden Mammon zu bleiben: Es zeigte sich auch hier, es gibt Geschichten, die sich immer und immer wiederholen. Geplant wurde mit einem Budget von fünf Millionen Mark. Die Bauzeit sollte zweieinhalb Jahre dauern. Am Ende wurden über acht Millionen Mark ausgegeben. Allerdings, und das relativiert die höheren Kosten auch wieder, waren für den Streckenbau enorme bauliche

Das Durchschnittsgewicht einer Neubaudampflokomotive liegt bei 60 Tonnen. Weitere Fakten:
· Länge 11,73 m
· Höhe 3,65 m
· 8.000 l Wasser passen in ihren Wassertank
· 4 t Kohle kann sie laden
· 300 l Wasser braucht sie pro gefahrenen Kilometer

Ohne Kohle kein Dampf in Wernigerode

Die Harzer Schmalspurbahn – mit Volldampf durch den Harz

Die Loks der Harzer Schmalspurbahnen (HSB) dampfen nicht nur den Brocken rauf und runter, sondern durchziehen weite Teile des Harzes. Quedlinburg, Harzgerode, Hasselfelde und Nordhausen sind neben Wernigerode und der Brockenspitze die wichtigsten Endbahnhöfe. Hier ein paar Zahlen zum Dampfbetrieb:

- 140 Kilometer ist das Streckennetz lang, das täglich befahren wird.
- 17 Dampfloks, die zwischen 1897 und 1956 gebaut wurden, kommen zum Einsatz, darunter die stärksten Schmalspurloks, die es in Deutschland gibt.
- 1,1 Millionen Fahrgäste nutzen die Bahnen Jahr für Jahr, rund 726.000 Fahrgäste davon fahren die Brockenstrecke.
- 24.000 Tonnen Güter transportiert die HSB im Jahr.
- 400 Brücken und Durchlässe – so viele hat kein anderes Schmalspurnetz in Deutschland.
- 10.000 Quadratmeter misst die neue Fahrzeughalle, in der 65 Waggons gleichzeitig stehen können.
- 260 Menschen arbeiten in, an und für die Schmalspurbahnen.

Der Lokpark der Harzer Schmalspurbahnen umfasst 25 Dampflokomotiven, von denen aber nur 17 regelmäßig eingesetzt werden. Das Alter der einzelnen Loks liegt zum Teil über ein halbes Jahrhundert auseinander:

Baujahr 1897/1898	3 Stk.	Baujahr 1931	1 Stk.
Baujahr 1914	2 Stk.	Baujahr 1939	1 Stk.
Baujahr 1918	1 Stk.	Baujahr 1954–1956	17 Stk.

Einfach, schlicht und völlig ausreichend – die Standardausstattung der Wagen

Maßnahmen notwendig: 400 Brücken, Wasserdurchläufe und Wegüberführungen wurden gebaut, zahlreiche Sprengungen mussten vorgenommen werden, 90.000 Kubikmeter Moor wurden, um einen festen Grund für die Schienen zu schaffen, ausgehoben und, und, und ...

Für diese Arbeiten brauchte es Spezialisten, die aus Bayern, Italien und Jugoslawien kamen. Am Ende haben sich Kosten und Anstrengungen aber gelohnt. Bereits in den 1930er Jahren, der Massentourismus war noch lange nicht „erfunden", waren während der Saison täglich 5.000 Menschen auf dem Brocken.

Der Zweite Weltkrieg machte vieles von dem bereits Geschaffenen wieder kaputt. Er riss erst die Männer aus ihrer Arbeit an die Front, und mit der Einnahme der „Festung Harz" durch die Alliierten wurde auch die Brockenbahn in Teilen zerstört. Der erste behelfsmäßige Betrieb ging im Mai 1949 wieder los, aber natürlich blieb er lange Zeit provisorisch. Improvisation hieß das Wort der Stunde. Die Betriebsführung lag jetzt

Ein Anblick wie vor 100 Jahren

nicht mehr bei der Gründungsgesellschaft, der Nord-hausen-Wernigeroder Eisenbahn-Gesellschaft, sondern bei der Deutschen Reichsbahn der DDR. Die Brocken-bahn und ihre Schwesterstrecken waren zu Volkseigen-tum geworden. Während der Zeit der Mauer, also von 1961 bis 1989, fuhren zwar die Harzer Lokomotiven, allerdings nicht mehr im Fahrgastbetrieb auf den Bro-cken. Die kleinen Dampflokomotiven stoppten bereits in Schierke. Die einzigen Züge, die noch auf die einge-mauerte und von einem Sperrgebiet umgebene Bro-ckenspitze fuhren, transportierten Baumaterial und Ausrüstungsgegenstände der sowjetischen Armee, der Staatssicherheit und der Grenztruppen.

Im Winter ein übliches Bild – der Brockenbahnhof versinkt im Schnee.

Seit Sommer 1992 fährt die Brockenbahn wieder nach Fahrplan und ohne jede Einschränkung. Qual-mend, pfeifend und rumpelnd bringt sie viele Tausend Besucher pro Jahr auf den Brocken unter Betriebsfüh-rung der Harzer Schmalspurbahnen GmbH, kurz HSB.

Das „Schienencabrio" ist nur ein alter Güterwagen, dem man das Dach genommen hat.

Wanderwege auf den Brocken

Nun ist die Brockenbahn natürlich keinesfalls die einzige Möglichkeit, auf den Brocken zu gelangen. Die nahe liegendste Art der Brockenbesteigung ist die Wanderung. Nun sind sportlicher Ehrgeiz und Interesse an der hautnahen Entdeckung des Brockens das eine, der Brocken das andere. Zumindest in früheren Jahrhunderten konnte das Wetter auf dem Brocken den Tod bedeuten, wie noch im Kapitel über die Brockenwirte zu lesen sein wird. Heute laden eine Vielzahl von ausgebauten und gut ausgeschilderten Wegen zum Wandern ein, natürlich nicht nur am Brocken, sondern im ganzen Harz. Informationen hierzu gibt es in den Häusern des Nationalparks, bei den verschiedenen Tourismusinformationen und natürlich im Internet.

Einsatz der Bergwacht mit Rettungshubschrauber

Die freiwilligen Helfer der Bergwacht haben auch einen Stützpunkt im Brockenhaus.

Wege, die auf den Brocken führten, gab es übrigens schon erstaunlich früh, den ersten um 1591. Als 200 Jahre später, genauer 1800, das Brockenhotel gebaut wurde, führten bereits drei Fahrwege hoch. Diese waren jedoch sehr schmal, sodass es erfahrene Fuhrleute und Pferde brauchte, die Touren vorbei an Klippen und Mooren zu bestehen. Mit den heutigen Wanderwegen und der asphaltierten Strecke auf die Brockenspitze hatten sie nur wenig gemein. Die Fahrzeit mit dem Pferdewagen betrug übrigens sechs Stunden, und eine Maut gab es auf der Strecke auch schon – manche Dinge sind eben von Bestand.

Auch wenn die Wanderwege heute deutlich sicherer sind als zu früheren Zeiten und „Lebensretter" wie Handys und GPS-Navigationsgeräte ihren Teil zur Sicherheit der Wanderer beitragen, haben die Ehrenamtlichen der Bergwacht, die ein Fachdienst des Deutschen Roten Kreuzes ist, immer mehr zu tun, als ihnen lieb ist. Verirrte, gestürzte Mountainbiker und Menschen mit Herz-Kreislauf-Problemen können sich auf die 40 freiwilligen Helfer verlassen. Die Bergretter sind allesamt ausgebildete Sanitäter, die den Dienst für andere neben ihrem eigentlichen Beruf in ihrer Freizeit versehen. Der Brocken steht bei ihrer verdienstvollen Arbeit oft im Zentrum: Von 55 Einsätzen im Jahr 2010 war 26-mal der Brocken der Ort, von dem der Hilferuf ausging. Dabei ist nach Erfahrung der Bergwachtmitarbeiter die falsche Einschätzung des eigenen Könnens die häufigste Ursache für einen Notruf.

Zu früheren Zeiten, also bevor es die hilfreiche Arbeit der Bergwacht gab, war es durchaus üblich, mit einem Harzführer von Wernigerode aus auf den Brocken zu wandern, was Verirrungen und andere Gefahren vermied. Ab 1885 gab es im Sommer zwar eine Pferde-Omnibus-Taxe, die sich täglich auf den Berg quälte – aber den stolzen Preis von 21 Mark konnte sich weiß Gott nicht jeder leisten. Wer auf die bewährten Führer zurückgriff und selber lief, zahlte nur 1,50 Mark. Übernahm der Harzführer zusätzlich das Tragen des Gepäcks – allerhöchstens 40 Pfund! – waren weitere 2,25 Mark fällig.

Dass die Begriffe „Brocken" und „Harz" bei Wintersportfreunden Herzklopfen verursachen, ist nicht verwunderlich. Langlauf und Abfahrt sind möglich – letzteres allerdings nicht mehr auf dem Brocken, hier hat der Schutz der Natur Vorrang. Enormen Zulauf gewann der Brocken als Wintersportziel durch das auch im Winter geöffnete Brockenhotel. 1896 wurde auf dem Brocken der Oberharzer Skiklub gegründet. Nur wenige Jahre später zogen eine Eislaufbahn, eine Rodelbahn und auf einer umfunktionierten alten Brockenstraße sogar eine Bobbahn ihre Spuren durch den Harz. Letztere wurde 1909 beim ersten Wintersportfest des Harzer Wintersportverbandes eingeweiht. Mittlerweile gibt

Einmal Brockenhaus hin und zurück – zu Fuß und ganz umsonst

Skifahren hat eine lange Tradition auf dem Brocken. Der Nationalpark Harz empfiehlt sich heute für Langläufer.

Rasante Abfahrt vom Brocken

es hier auch eine Skisprunganlage, der Wurmberg ist von der Brockenspitze gut zu erkennen. Der Schanzenrekord liegt bei immerhin 101 Metern.

In luftige Höhen begaben sich auch schon andere. Zu Beginn des letzten Jahrhunderts gab es einige Versuche, mit einem Fluggerät auf dem Brocken zu landen. Zu den weniger glücklichen gehörten Versuche mit Ballons und Luftschiffen. Der Wind war einfach zu stark. Besser gelang es da schon zwei motorgetriebenen Flugzeugen. Sogar ein Segelflugzeug landete erfolgreich auf der Brockenspitze.

Beschreibung einer Bahnfahrt auf den Brocken im Jahr 1907

Hermann Löns kommt nun in diesem Buch schon zum zweiten Mal zu Wort, denn seine genaue wie auch unterhaltsame Betrachtung gibt einen sehr fassbaren Eindruck einer Brockenbahnfahrt in ihren Anfängen:

„Heute wird es sicher wieder dort oben laut und lustig; jetzt schon, zum ersten Zug, strömt es in Wernigerode, der bunten Stadt, von allen Seiten heran ... Seitdem die Bahn geht, kann jeder Asphalttrottel zum Brocken, und die seltsamsten Völker bekommt man zu Gesicht, sogar einen Mann in Gehrock und Zylinder, der eine so blaue Halsbinde um hat, daß einem die Augen überlaufen, sieht man sie an. Gelbe Schuhe hat er auch an und eine Bonbonhose von zärtlich hellgrauer Farbe. Er ist selbstverständlich aus Berlin und findet während der Fahrt alles ganz nett. Selbstverständlich ist ferner eine Schule im Zuge, eine Jungensschule; die Bengels brüllen nach der Schwierigkeit. Daß ein Gesangsverein nicht fehlt, und daß er während der Fahrt andauernd in vielstimmigerweise seinen Gefühlen Ausdruck gibt, versteht sich von selbst."

Hermann Löns, der „Heidedichter", hatte auch zu Harz und Brocken allerhand zu schreiben.

An späterer Stelle des Textes ist die bunte Reisegruppe auf der Brockenspitze angekommen, das Wetter ist allerdings nicht das beste:

„Man trinkt Schnäpse, man trinkt Glühwein, man trinkt Grog, man kaut Schinkenbrot und Wut in sich hinein, schimpft auf die Brockenbahn, den Brocken und, weil man gerade im Schusse ist, auf den Harz im Allgemeinen. Und auf einmal: ‚Hurra!' und abermals und zum dritten Male. Sie ist da, sie ist wirklich da, die Sonne. Man trinkt Bier, man trinkt Wein, man trinkt Sekt, man schreibt Ansichtskarten, man läuft hinaus, man reißt Brockenanemonen haufenweise ab; man ist glücklich."

Die Geschichte der Brockenhäuser
Ein Häuschen in den Wolken

Von der Spitze der Wetterwarte ergibt sich ein herrlicher Blick über die Brockenspitze und seine Bebauung.

Die Gipfel bekannter Berge sind in aller Regel unbebaut. Sicher, es gibt Ausnahmen, wie das Fichtelberghaus oder das Münchner Haus, das kurz unter dem Westgipfel der Zugspitze liegt. Auf dem Brocken sieht es aber doch noch etwas anders aus, hier kann man schon fast von dichter Bebauung sprechen: das Brockenhotel, die Wetterwarte, der Bahnhof, das Häuschen des Brockengärtners, der Sendemast der Deutschen Funkturm GmbH (einer Tochtergesellschaft der Deutschen Telekom AG), das Wolkenhäuschen und natürlich das Brockenhaus selbst.

Dass auf dem Brocken seit langer Zeit gebaut wird, hat viele Gründe, wissenschaftliche und militärische, vor allem aber touristische. Für Gäste wurde auch das erste „Gebäude" gebaut oder besser errichtet. Eine Beschreibung findet sich in der „Brockenpost" von 1909:

„... ein winziges Häuslein von viereckigem Grundriss und einer Größe und Höhe, die jetzt von jeder hölzernen Schutzhütte im Harz übertroffen wird. Es war aus Steinen aufgebaut, deren Fugen Moos verstopfte, trug ein Schindeldach und hatte einen Rauchfang. Bei bösem Wetter leistete es gute Dienste, und zur Not konnte man dort auch auf Steinen und Bänken nächtigen."

Der Bauherr war Graf Christian Ernst zu Stolberg-Wernigerode, der die Grafschaft Wernigerode regierte und den Wanderern auf den Brocken, zu denen er auch selbst zählte, bei schlechtem Wetter eine Notunterkunft zur Verfügung stellen wollte. 1736 war die kleine Hütte fertig. Ein paar Jahre später bekam es dann den Namen, den es auch heute noch trägt: Wolkenhäuschen. Dem wurde im Lauf der Jahre oft übel mitgespielt. Da waren schon zu Beginn die „Vandalen" unter den Besuchern, die sich ritzenderweise im Gebälk verewigten. Der Amtskommissar und Brockenautor Christian Friedrich Schröder aus Wernigerode, der von 1750 bis 1800 lebte, schrieb dazu:

„Die Tür und Balken des Wolkenhäuschens sind ein Namens-Catalogus von einer Menge Brockengänger ..."

Zum Ausmaß eines ganz eigenen Bewuchses, der sich im Wolkenhäuschen bildete und nicht unbedingt zu dessen Erhalt beitrug, meinte Schröder:

„Die Zierde des Häuschens sind eine Menge an den Wänden angewachsene Brockenusneen (Flechten) *und Moose, unter denen das isländische seit einigen Jahren botanisiert* (also zu Studienzwecken gesammelt) *wird. Sie sind also gleichsam ein botanischer Moosgarten, und das ganze Wolkenhäuschen könnte zur Not einen Platz in einer Naturalienkammer haben."*

So tat das Häuschen gute Dienste und litt doch enorm. Dann und wann brannte es sogar ab, wurde aber immer wieder aufgebaut, bis es schließlich nach dem Bau des ersten Gasthauses nur noch als Waschküche diente. Als die US-amerikanischen Streitkräfte 1945 die Brockenspitze bombardierten, wurde auch das Wolken-

links: Ein Stich aus späteren Jahren, als das Wolkenhäuschen längst von bequemeren Übernachtungsmöglichkeiten auf der Brockenspitze abgelöst worden war.

rechts: Einer der bekanntesten Gäste des Wolkenhäuschens war Johann Wolfgang von Goethe.

häuschen getroffen. Aber den Menschen in der Region lag so viel an dem Häuschen, dass 2.000 freiwillige Aufbaustunden geleistet wurden und die ehemalige Schutzhütte im Jahr 1954 neu eingeweiht werden konnte. Heute geht das Wolkenhäuschen, das kaum mehr als eine überdachte Bank ist, ein wenig zwischen den großen Nachbarn Brockenhotel und Sendeantenne unter.

Grafen Christian Friedrich zu Stolberg-Wernigerode ließ das neue Brockenhaus 1798 errichten.

Ab 1800 stand das Wolkenhäuschen nicht mehr allein auf dem Brocken, es gab jetzt ein Wirtshaus, das Graf Christian Friedrich zu Stolberg-Wernigerode bauen ließ und das zu Ehren des Bauherrn „Friedrichshöhe" benannt wurde. Das Wirtshaus war ein gutes Stück größer, und die Ausstattung war schon ein wenig üppiger als im Wolkenhäuschen. Die „Brockenpost" schrieb:

„Es war 130 Fuß lang, 30 Fuß tief, hatte 5 Fuß starke, innen hohle mit Füllmaterial ausgestopfte Wände und besaß 12 heizbare Zimmer, nämlich einen Saal, zwei Gastzimmer, 7 kleinere Logierzimmer und je ein Zimmer für den Wirt und für die Bedienung, außerdem eine Speisekammer, Keller, Böden und je einen Stall für 6 Pferde und 8 Kühe. Seine Frontmitte überragte ein massiver Aussichtsturm von 30 Fuß Höhe."

Der Aussichtsturm allerdings war nicht für die Ewigkeit gebaut worden und musste, weil er sich zu senken begann, 1834 abgerissen werden. Der neue Holzturm, der nun nicht mehr Teil des Brockenhauses war, wurde noch ein wenig höher gebaut. Der Wirt des Brockenhauses, Carl Eduard Nehse, warb für den neuen Turm in seinem Buch „Der Brocken und seine Merkwürdigkeiten" damit, dass man von ihm 89 Städte und 668

Dörfern sehen könne. Trotzdem war auch dem neuen Turm kein Glück beschert. Keine zwanzig Jahre später war er so baufällig, dass er durch einen steinernen Nachfolger ersetzt werden musste.

1859 kam es zu einer Katastrophe: Das Brockenhaus brannte. Aber (und das scheint zur Brockenspitze wie das wechselhafte Wetter zu gehören): Man gab nicht auf! Rasch wurde die Ruine durch einen Neubau ersetzt. In der Folgezeit wurde immer wieder an- und umgebaut, und auch der Turm fand weiterhin keine Ruhe, er wurde 1882 schon wieder neu gebaut – Wind und Wetter forderten offenbar ihren Tribut.

Einige Jahrzehnte später, in den letzten Tagen des Zweiten Weltkrieges, musste auch der Brocken für den deutschen Krieg büßen. Am 17. April 1945 wurde von sechs US-Bombern die gesamte Brockenspitze zerrissen, und dabei fiel auch das Brockenhotel in Trümmer. Das heutige Brockenhotel ist im ehemaligen Fernsehturm untergebracht, nicht mehr an historischer Stelle also. Den Bomben folgten kurz darauf die GIs auf die Brockenspitze. Für den 21. April wurde festgehalten: „The sector has been swept clear" („Der Sektor wurde gesäubert").

Im Brockenhaus gibt es nicht nur Bilder, sondern auch Modelle der Brockenspitze. Hier ist die Zeit vor dem Fall der Mauer nachgebildet, die Brockenmauer ist gut zu erkennen. Mehr dazu ab Seite 74.

Während in Deutschland ausgebrannte Gebäude, schwarze Fenster, eingestürzte Dächer, Schutt und Bombentrichter das Bild bestimmten, galt dies nicht für die Brockenspitze. Die US-amerikanischen Streitkräfte blieben zunächst auf dem Berg und nutzten ihn naheliegenderweise als Funkstation. Für die Zivilbevölkerung blieb die Spitze deshalb gesperrt. Auf Grundlage des Viermächteabkommens verließen aber die Soldaten der Vereinigten Staaten im Frühjahr 1947 wieder den Brocken, und die sowjetische Armee hatte das Sagen. Sie ordnete Aufräum- und Aufbauarbeiten an, die recht zügig vorangingen. Schon im gleichen Jahr wurden Pläne beschlossen, auf dem Brocken wieder ein Hotel einzurichten – im Turm des Fernsehsenders.

Die eigentlichen Bauarbeiten begannen 1949 und waren gewaltig: 50 Sonderzüge mussten rund 2.000 Tonnen Material auf den Brocken bringen. Dafür war dann in den neuen und großzügigen Räumen auch reichlich Platz für Besucher. Der Touristensaal fasste 250 Gäste und in den unteren Etagen des Fernsehturms konnte übernachtet werden. Die oberen drei Stockwerke waren für die Post reserviert, die hier ihre Sendeanlagen betrieb. Der immer wieder geplagte alte Brockenturm verabschiedete sich in dieser Zeit für immer, seine Reste wurden gesprengt.

Trotz der Armut und der Einschränkungen der Nachkriegszeit verzichteten die Menschen nicht auf den Besuch des Brockens. Die Idee, hier zügig alles für

Gerd Borchert, ehem. betrieblicher Leiter Brockenhaus
„Die Vernunft hat gesiegt."

Gerd Borchert ist im Harz geboren, aufgewachsen und als „Gründungsdirektor" des Brockenhauses dem Berg und seiner Spitze verbunden wie nur wenige. Der ehemalige Fachlehrer erzählt im Gespräch, was das heutige Brockenhaus eigentlich einmal war und welche Mühen es gekostet hat, die heutige Ausstellung aufzubauen.

Herr Borchert, Sie haben viele Jahre auf dem Brocken und im Brockenhaus als Geschäftsführer gearbeitet. Wie wird man denn Geschäftsführer eines so außergewöhnlichen Museums?

Dazu muss ich sagen, dass ich in der DDR als Fachlehrer für Polytechnik gearbeitet habe – an verschiedenen Stellen. Zu der Zeit, als die Mauer fiel, war ich nicht an einer Schule, sondern leitete die Station der Jungen Naturforscher in Wernigerode. 1991 kam dann der Landrat auf mich zu und sagte, dass man sich jetzt nach dem niedersächsischen Bildungssystem richten würde, welches eben solche Einrichtungen wie die Station der Jungen Naturforscher nicht mehr vorsehe. Später schlug er mir dann vor, ob ich nicht auf dem Brocken eine Ausstellung betreuen wollte, die damals noch eine Zweigstelle des Harz-Museums war. Dieses Angebot nahm ich wahr und hatte am 1. Juli 1991 meinen ersten Arbeitstag.

Gab es denn zu der Zeit hier schon ein Museum?

Nein, die Ausstellungsräume bestanden aus einer ehemaligen Antennenkuppel des Ministeriums für Staatssicherheit in einem Gebäude, das heute nicht mehr existiert. Obwohl die Kuppel unbeheizt war, haben wir dort tatsächlich bis 1993 unsere Arbeit gemacht. Da gab es im Sommer Temperaturen bis 30 Grad und im Winter hatten wir auch mal 24 Grad minus. Die Ausstellung war sehr provisorisch, weil wir wegen des Schwitzwassers in der Kuppel keine hochwertigen Ausstellungsstücke zeigen konnten. Es war eben alles sehr chaotisch, aber auch sehr spannend.

Warum sind Sie nicht einfach in das heutige Brockenhaus gezogen?

Da durften wir zu der Zeit noch gar nicht hinein. Es gab aber sehr viele Ideen, was man mit dem heutigen Brockenhaus alles machen könnte. Dabei kam sogar der Vorschlag auf, dass man das Gebäude doch am besten abreißen sollte, weil es sonst wie ein Denkmal der Stasi auf dem Brocken stehen würde. Da dieses Haus aber einfach das beste, weil geeignetste Gebäude auf dem Brocken war, hat glücklicherweise die Vernunft gesiegt, und es wurde erhalten. Wir sind dann 1993 in den zweiten Stock in die „Brockenmoschee", wie das Gebäude damals wegen seiner Kuppel genannt wurde, eingezogen.

Gab es denn damals schon viele Besucher?

Das Interesse war gewaltig. Wir hatten in einem Jahr über 120.000 Besucher. Das lässt sich natürlich dadurch erklären, dass hier über Jahrzehnte so gut wie niemand hoch durfte und viele wissen wollten, was da oben eigentlich los war. Da gab es auch allerhand seltsame Vorstellungen, zum Beispiel, dass die sowjetische Armee hier Panzer oder Raketen gehabt habe. In Wirklichkeit gab es aber nur eine Abteilung des KGB, die hier gelauscht hat.

Der große Besucheransturm hat sich dann auch bei den Landespolitikern herumgesprochen, und nach einem sehr langen Prozess wurde beschlossen, einen Architekturwettbewerb auszuschreiben, den das Büro von Professor Eisentraut in Berlin gewonnen hat. Gleichzeitig zog sich die Telekom flächenmäßig zurück, was auch der modernen Technik zu danken war. Überflüssige Gebäude wurden abgerissen, und am Ende entstand diese Zusammenstellung aus Brockenhotel, dem Fernsehsender der Telekom, unserem Brockenhaus und dem Wolkenhäuschen. Etwas weiter weg liegen die Wetterwarte, der Brockengarten und der Bahnhof. Mit dem Umbau des Brockenhauses und dem Einsetzen des Treppenhauses mit der Glasfront wurde dem Brockenhaus auch der militärische Charakter genommen. Danach ging es dann an die Einrichtung der Ausstellung ...

Wann waren Sie eigentlich das erste Mal in Ihrem Leben auf dem Brocken?

Das muss in der ersten Klasse gewesen sein, also 1950 oder 1951. Danach war ich dann mit meinen Eltern oft auf dem Brocken, aber auch andere Schulausflüge führten uns regelmäßig dorthin. Ich hatte sogar das Glück, dass wir eine Woche lang Schulunterricht in einer Skihütte unterhalb der Brockenspitze hatten und sogar einmal mit einem Viererbob den Brocken heruntergefahren sind.

Am 1. Mai 1965, der Brocken war längst geschlossen, ist uns allerdings etwas Seltsames passiert. Ein paar andere Jugendliche und ich sollten zu einem Treffpunkt in Wernigerode kommen. Dort wurden wir in einen Kleinbus über Schierke, das schon zum Sperrgebiet gehörte, auf den Brocken gefahren. Auf der Spitze haben wir dann erfahren, dass sich die sowjetischen Soldaten, einige Stasi-Leute und Grenzer andere Schach- und Tischtennispartner gewünscht hatten. Das war ein aufregender Nachmittag, der auch Spaß gemacht hat.

Das Brockenhaus mit seiner alten Fassade, so wie es für die Staatssicherheit gebaut wurde, fotografiert 1994

Der Brocken ist aus vielen Perspektiven interessant: historisch, militärisch, technisch, geologisch, kulturell und so weiter. Was interessiert Sie eigentlich persönlich am meisten?

Das ist jetzt eine Antwort, die Sie sicher nicht hören wollen: alles. Oder, um es anders zu formulieren. Es ist gerade diese Vielseitigkeit, die für mich so reizvoll ist. Das fängt schon mit der Fahrt zur Arbeit auf den Berg an. Kein Morgen ist wie der andere. Nebel, Reif, Schnee, Regen, Sonne – immer in Abwechslung und immer anders. Apropos Wetter: Mit zum Faszinierendsten am Brocken gehört für mich der Blick auf ein Gewitter, das unterhalb der Brockenspitze stattfindet.

Das Brockenhaus heute

den Tourismus wieder herzurichten, war aufgegangen. In den folgenden Jahren waren während der Sommermonate tägliche Besucherzahlen zwischen 2.000 und 3.000 keine Seltenheit.

Doch mit den „Grenzsicherungsmaßnahmen" am 13. August 1961 wurde hier von einem Tag auf den anderen alles anders. Anstelle der Touristen liefen sowjetische Soldaten, Mitarbeiter der Staatssicherheit und Angehörige der Grenztruppen über den Brockengipfel, und das sollte über Jahrzehnte so bleiben. Das heutige Brockenhaus wurde in dieser Zeit der „Besetzung" gebaut, sein eigentlicher Zweck lässt sich noch gut an der großen weißen Kuppel erkennen.

Chronologie des heutigen Brockenhauses

1983–1986	gebaut für das Ministerium für Staatssicherheit der DDR
bis 1989	Funkaufklärung durch das Ministerium für Staatssicherheit der DDR
1991	Übergabe zur Nutzung durch den Nationalpark Harz
1993	Eröffnung des Brockenmuseums
1994	Das Land Sachsen-Anhalt kauft der Bundesrepublik Deutschland das Gebäude ab.
1998	Neugestaltung und Umbau nach Entwürfen von Prof. Dr. Wolf R. Eisentraut
2000	Eröffnung des Brockenhauses in seiner heutigen Form

Blick vom Brocken zum Wurmberg mit der Sprungschanze

Der Brockenwirt
Arbeitsplatz mit ganz viel Ausblick

„Es kann nur einen geben…" – nein, damit ist jetzt nicht der legendäre Highländer gemeint, sondern der Brockenwirt. Denn der hat die Brockenspitze immer ganz allein für sich und seine Angebote, ein Brockenmonopol sozusagen.

Die ersten vier Brockengastronomen bewirteten ihre Gäste nicht auf dem Brocken, sondern auf der benachbarten Heinrichshöhe. Und da sie im Nebenberuf auch noch Torfaufseher waren, waren vorrangig Torfarbeiter,

Wer dachte, dass Gäste nur Handtücher mitnehmen, irrt, wie diese originelle Scherbe aus dem alten Brockenhotel zeigt.

aber auch schon die ersten Wanderer ihre Gäste. Einer der ersten, denen bis heute Millionen folgten, zeigte sich 1764 wenig begeistert von der Unterkunft:

„Wir haben sehr schlechte Wirthschaft angetroffen, kein Wirth, keine Frau, keine Magd, kein Bier, noch keinen Brandwein und auch kein Brot. Es war der Wirth gestorben und die Frau und die Magd waren abwesend."

Nun, unter diesen Umständen hätte man vielleicht auch etwas Verständnis zeigen können. Als der Dichter Ludwig Gleim am 31. Juli 1786 beim Brockenwirt auf der Heinrichshöhe Rast machte, klang das dann schon ganz anders:

„Suppe, Kälbchen mit Schotenerbsen, Rindfleisch mit Schinkenbohnen, endlich kam ein Schweinebraten ..."

Ein ganz besonderer Eintrag findet sich im Gästebuch aus dem Jahr 1788, als der Brockenwirt sein Gasthaus noch auf der Heinrichshöhe hatte:

„Pastor Jaenecke, Schierke: Hier ist der erste Fall in seiner Art vorgetragen. Die Frau des Bergmanns Christian Ludwig Schmelzer aus Clausthal kam auf dem Langenwerke (ein Torfwerk beim Oderbrücker Brockenweg), wo sie des Nachts hatte bleiben müssen, gegen Morgen mit einem jungen Sohn nieder. Des Nachmittags von mir getauft. Paten: Pastor Jaenecke, Brockenwirt Reich und seine Tochter."

Der erste „richtige" Brockenwirt war Friedrich Christian Gerlach. Der gebürtige Wernigeroder arbeitete als Stubenheizer im Schloss seiner Geburtsstadt, bevor er 1800 mit seiner Familie in das neu gebaute Gasthaus zog, das er von Graf Christian Friedrich zu Stolberg-Wernigerode und danach von dessen Sohn Graf Henrich zu Stolberg-Wernigerode gepachtet hatte. Dabei

Ein Mann aus der Region und ein Brockenwanderer: Johann Wilhelm Ludwig Gleim, Dichter zur Zeit der Aufklärung

Es gibt kaum etwas, dass nicht in den Zusammenhang mit dem Brocken gebracht wurde. Sogar eine Mehlsorte oder Zigarren, wie dieses Exponat aus dem Brockenhaus zeigt.

Die ersten Brockenwirte boten Betten und Speisen noch auf der Heinrichshöhe an, bevor das erste Hotel auf der eigentlichen Brockenspitze gebaut wurde.

Brocken-Stammbuch

mit

Scherz und Ernst, Witz und Laune, Weisheit und Einfalt

in

Gedichten und Prosa

von Mai 1753 bis Mai 1850

nebst einigen komischen Brockengedichten aus einem alten Werke
des P. Johannes Praetorius vom Jahr 1669

mit der

Winteransicht des Brockengebäudes vom 24. Februar 1850

herausgegeben

von dem Brockenwirthe C. E. Nehse.

Sondershausen, 1850.
Druck und Verlag von Friedrich August Eupel.

Die Titelseite des Brocken-
stammbuchs, in dem Einträge
der Gäste zwischen 1753 und
1850 veröffentlicht wurden.

hatte er die Ehre, allerhand Prominente auf der Brockenspitze begrüßen zu dürfen, zu denen König Friedrich Wilhelm III. von Preußen und Königin Louise,
Joseph von Eichendorff, Friedrich Schleiermacher und
Caspar David Friedrich gehörten. Aus der Zeit des
ersten Brockenwirts stammte die fortgeführte Ange-
wohnheit, die Namen der Gäste zu sammeln – die in
ihrer Zahl noch übersichtlich waren. Ausgewählte
erschienen unter dem Titel „Brocken-Stammbuch – mit
Scherz und Ernst, Witz und Laune, Weisheit und Einfalt". Dazu muss man wissen, dass sich die Brockenbesucher nicht darauf beschränkten, ihren Namen nieder-
zuschreiben, sondern sie dichteten Lobgesänge und
Schmähstücke. Beispiele? Bitte ... Ein Breslauer hatte
1786 mit dem Wetter Glück und schrieb gut gelaunt
diesen Vierzeiler:

„Windig war´s wohl, aber dennoch schön,
Schade daß man nicht kann öfters auf den Brocken gehn!
Doch vielleicht auf künftigs Jahr zum Maien
Tanz ich wieder am Walpurgis einen schönen Reihen."

Immerhin nahm dieser Berliner das Wetter im Jahr
1849 mit Humor:

„Salomon der Weise spricht´s
Wenn´s neblicht ist, dann sieht man nichts
Ei wie schön, ei wie schön
Nichts als Nebel war zu seh´n."

Gerlachs Nachfolger wurde der schon legendär zu nen-
nende Carl Eduard Nehse. Der Landsberger von der
Warthe wurde nicht nur Brockenwirt, sondern auch
Stadtschreiber und – wie schon zu lesen war – auch
selbstgelernter Meteorologe. Vor allem aber war Nehse

Eine winterliche Abbildung
von 1850 aus dem Brocken-
stammbuch

ein sehr umtriebiger Mensch, wie einer alten Sonderausgabe der „Neuen Wernigeröder Zeitung" zu entnehmen ist. Eigentlich Landwirt, ging er 1811 zum Militär, zog gen Russland und in die Gefangenschaft, wurde freigelassen und war nicht lange später wieder in Kriegsgefangenschaft. Dieses Mal waren es die Franzosen, die ihn festgenommen hatten. Allerdings konnte er fliehen, was ihn aber nicht davor bewahrte, ein drittes Mal in Gefangenschaft zu geraten. Später arbeitete er als Lehrer und zog schließlich nach Wernigerode, um Stadtschreiber zu werden – wobei Stadtschreiber nicht etwa Literaten, sondern die Kanzleivorsteher in der Kommunalverwaltung von Wernigerode waren. Im Jahr 1834 übernahm er dann das „Amt" als Brockenwirt.

Schon bald begann er damit, systematisch das Wetter zu beobachten und schrieb auch ein Buch, das unter dem Titel „Der Brocken und seine Merkwürdigkeiten" erschien. Nehse war auch der erste Brockenwirt, der – zusammen mit seiner Frau und zwei Mägden – das Hotel über den Winter betrieb. Wie widrig die Umstände waren, und was die Wirtsfamilie auf sich zu nehmen hatte, wird an einem tragischen Unglück deutlich, bei dem im Winter 1845/46 beide Mägde von Nehse ums Leben kamen, weil sie während eines Schneesturms die Orientierung verloren hatten. Nehse beschrieb den Winter auf dem Brocken so:

„Fürchterlich, nicht arg genug zu schildern, ist öfters das Wetter hier oben in den Wintermonaten; wirbelnde Schneemassen verdicken und verfinstern die Luft, nicht möglich ist es, einen Schritt vor sich zu sehen, und oft wird man bedroht, zu ersticken. Bis auf den bloßen Leib dringt der Schnee durch die Kleidung, die oft noch durch den, dieses böse Wetter stets begleitenden Sturm zerrissen oder dem Leib

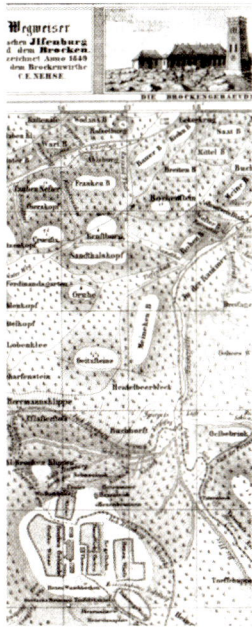

Carl Eduard Nehse hat neben vielem anderen der Nachwelt auch eine Brockenkarte hinterlassen.

Die Ruinen des Brockenhotels nach dem Brand im Jahr 1859

Wenn Schnee auf dem Brocken liegt, dann meistens richtig.

entrissen wird. Gräßlich ist das Brausen und Heulen des Sturmes, alle nur möglichen Schauder erregenden Töne bringt er hervor, selbst seine Stimme hört man nicht, nur kriechend kann man sich fortschleppen, und wehe dem, den ein solches Wetter hier überfällt, und der nicht bald einen bergenden Ort findet, unrettbar ist er verloren."

Dem Brocken blieb Nehse bis 1850 treu, der Meteorologie noch wesentlich länger – er wurde Wetterbeobachter

Die Geschichte eines Löffels vom Brockenhotel

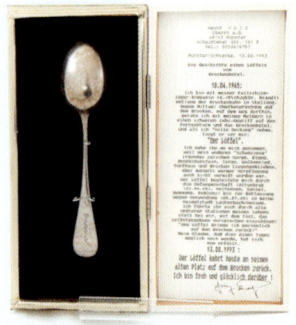

18.4.1945: Ich bin mit meiner Fallschirmjäger-Kompanie (6./FschJgKGr. Brandl) entlang der Brockenbahn in Stellung. Gegen Mittag: Chefbesprechung auf dem Brocken. Auf dem Weg dorthin gerate ich mit meinen Meldern in einen schweren Jabo-Angriff auf den Fernsehturm und das Brockenhotel. Und als ich volle Deckung nehme, liegt er vor mir: „Der Löffel". Ich habe ihn an mich genommen, weil mein anderes „Schanzzeug" irgendwo zwischen Sorge, Elend, Benneckenstein, Zorge, Walkenried, Torfhaus und Brocken liegengeblieben, aber mangels warmer Verpflegung auch nicht vermisst worden war. Der Löffel begleitete mich durch die Gefangenschaft (Altenbrak, 22.4.45), Holtensen, Kassel, Remagen, Koblenz) bis zur Entlassung wegen Verwundung (5.7.45) in meine Heimatstadt Lauterbach/Hessen.

Ich führte ihn auch durch alle späteren Stationen meines Lebens stets bei mir, mit dem Ziel, das selbstgegebene Versprechen einzulösen: „Den Löffel bringe ich persönlich zurück!" Mein Glaube, dass dies eines Tages möglich sein werde, hat sich nun erfüllt. 13.08.1993: Der Löffel kehrt heute an seinen alten Platz auf dem Brocken zurück. Ich bin froh und glücklich darüber!

Heinz Volz

des Meteorologischen Instituts in Ballenstedt am Harz. Weiterhin war er Mitbegründer des Ballenstedter Musikfestes, bei dem die künstlerische Leitung kein Geringerer als Franz Liszt inne hatte. Damit immer noch nicht genug, wurde er später noch Gastwirt in der mittelalterlichen Burg von Falkenstein – ebenfalls im Harz. So vieles ist über sein Leben bekannt, doch das Datum seines Todes ist unbekannt und auch zu seinem Geburtsjahr gibt es unterschiedliche Angaben: von 1793 und 1794 ist die Rede, gestorben ist er wohl irgendwann nach 1855.

Ob er vom Unglück seines Nachfolgers noch gehört haben wird? Als nämlich Emmanuel Köhler Brockenwirt war, brannte das Brockenhaus bis auf die Grundmauern ab, das war im Juli 1859. Es soll ein besonders heißer und trockener Sommer gewesen sein ... Aber natürlich stand bereits kurz darauf fest, dass das Brockenhaus wieder aufgebaut und sogar wesentlich größer werden sollte.

Viele Jahre später, zur Jahrhundertwende und unter anderen Wirten, zogen dann jene Annehmlichkeiten in

„Und wie ist das Wetter?" – das wird wohl eines der ganz häufigen Fragen aus dem Flachland gewesen sein, als die ersten Telefonate vom Brocken geführt wurden.

Der Brocken und Ansichtskarten gehören einfach zusammen. Hier ein historischer Briefkasten im Brockenhaus.

POST.BRIEFKASTEN

das Brockenhotel ein, die die moderne Zeit mit sich brachte: elektrischer Strom und das Telefon. Als Rudolf Schade 1908 auf der Brockenspitze ankam, überzog er den Berg mit weiteren neuen Ideen. Dazu gehörten eine Gaslichtanlage und eine Zentralheizung für alle Räume. Telefonieren konnte man auf dem Brocken zwar auch schon vor Schade – aber nur in den Sommermonaten, im Winter wurde die Leitung aus Vorsicht vor Wind und Wetter abgebaut. Schade ließ von Schierke eine feste Leitung unter der Erde verlegen, die auch während der kalten Jahreszeit durchhielt.

„Die schönsten Jahre meines Lebens."

Bis zum Fall der Mauer gab es selbstverständlich keinen Brockenwirt, denn Besucher waren auf dem Berg an der Grenze zur Bundesrepublik ganz und gar unerwünscht. Die Region war ein großes Sperrgebiet, und Hans Steinhoff, der heutige Brockenwirt, wollte eigentlich nach der Wende ein Eiscafé in Schierke übernehmen.

Herr Steinhoff, wie sind Sie Brockenwirt geworden?

Ich arbeitete 1990 in Schierke in einem Eiscafé und hatte eigentlich vor, dieses zu kaufen oder zu pachten. Als das nichts wurde, entstand der Plan, einen eigenen Kiosk mit Rodelschlittenverleih am Weg auf den Brocken zu bauen. Als ich den Antrag gestellt hatte, kam der Bürgermeister auf mich zu und sagte mir, dass auf dem Brocken der Bahnhof von den Grenztruppen geräumt werden würde, und fragte, ob ich nicht die provisorische Versorgung für die Touristen übernehmen wollte. Da gab es dann Erbsensuppe, Bockwurst, Tee und natürlich unser Skiwasser ...

Skiwasser?

Ja, das war nichts anderes als ein Himbeersirup mit Wasser. Das Getränk hatte den großen Vorteil, dass es Gewicht beim Transport auf den Brocken einsparte, denn Wasser gab es ja oben. Praktisch war auch, dass ich eine Gulaschkanone besaß, weil ich in Schierke am Weg zum Brocken bereits Erbsensuppe verkauft hatte. Na ja, das eingenommene Geld haben wir dann gespart, bis wir uns die ersten eigenen Möbel kaufen konnten. Dann veränderte sich auch langsam das Angebot und wurde etwas hochwertiger.

Zehn Jahre später haben wir dann auch das Brockenhotel mit einigen Gesellschaftern übernommen. Mittlerweile arbeiten in Bahnhof und Hotel rund 35 Menschen, und wir bilden auch einige Lehrlinge aus. In der Rückbetrachtung muss ich sagen, dass diese ersten Jahre auf dem Brocken, also die Gründerjahre, sicher die schönsten meines Lebens waren.

Wer wird denn der nächste Brockenwirt?

Mein Sohn, der es eigentlich schon ist. Der war übrigens früher auch auf dem Brocken, er hat als Funkelektroniker im Fernsehsender gearbeitet. Zu DDR-Zeiten wurden ja von hier die DDR-Fernsehprogramme und Rundfunkprogramme ausgestrahlt. Meine Tochter, die eigentlich Lehrerin ist, hat damals auch gesagt: „Ich gebe meinen Beruf auf und komme mit auf den Brocken." Ihr damaliger Verlobter ist dann auch gleich mitgekommen. Heute ist er zwar weder Ehemann noch Verlobter meiner Tochter, aber er arbeitet hier immer noch. Das gilt übrigens für ganz viele unserer Mitarbeiter der ersten Stunde – sie sind immer noch hier bei uns angestellt.

Welche Größe das Brockenhotel im Jahr 1908 hatte, lässt sich an wenigen Zahlen ablesen. Es gab 80 Fremdenzimmer mit insgesamt 200 Betten, und ein eigenes Postdienstzimmer war eingerichtet! Das Postzimmer war nötig, wenn man weiß, dass schon 1907 mehr als 280.000 Postkarten und 2.000 Briefe von der Brockenspitze verschickt wurden. Im Winter war der Transport der Post wetterbedingt ein Problem, das Schade mit Bernhardinern löste, die zwischen Schierke und der Brockenspitze pendelten – und das sogar täglich. Zusätzlich experimentierte der innovative Wirt auch mit Rentieren. Schade war allerdings nicht der erste, der Post vom Brocken für die Touristen beförderte. Die erste Erwähnung eines Postdienstes findet sich bereits in einem Reiseführer aus dem Jahr 1857.

Rudolf Schade – einer der experimentierfreudigsten Brockenwirte

Heute ist das Brockenhotel trotz seiner Lage und seiner konkurrenzlosen Situation noch immer durchaus bezahlbar. Unbezahlbar aber ist natürlich oft der Blick aus den Fenstern. Vor allem dann, wenn sich der Brocken von seiner abwechslungsreichen Seite zeigt und Nebel, Sonne und Schnee in schneller Folge zur „Aufführung" bringt. Insgesamt verfügt das Haus über 36 Betten in 14 Komfort-Zimmern im einstigen Fernsehturm. Zum Hotel gehören auch das Restaurant Hexenklause und der Imbiss im Touristensaal, die sich beide der eher rustikalen Küche verschrieben haben.

Brockenwirt & Sohn GmbH
Brockenplateau
38879 Schierke
Tel. (03 94 55) 120
Fax (03 94 55) 121 00
info@brockenhotel.de

Technik und Politik
Die Festung Brocken

Die runde Kuppel des Brockenhauses von innen. Unter der imposanten weißen Schutzhülle verbergen sich Antennen.

Ein altes Anzeigeinstrument aus einem UKW-Sendeüberwachungsgerät aus den 1960er Jahren

Der Brocken ist der höchste Berg in Deutschlands Norden, und diese Größe hat dafür gesorgt, dass der Mantel der Geschichte nicht nur an ihm vorbeiwehte, sondern ihm im 20. Jahrhundert kräftig um die Ohren gehauen wurde. Mit seinen 1.141,1 Metern bot und bietet er immer noch ideale Bedingungen für funkelektronische Anlagen aller Art, wenn es darum geht, weite Strecken zu überbrücken. Das gilt für Radio- und Fernsehübertragungen, aber auch für militärische Funk- und Radaranlagen. Regelmäßig wurde mit einem UKW-Sender vom Brocken ab 1951 gesendet.

Der Lauf des Schicksals begann mit einer Pioniertat experimentierfreudiger Ingenieure im Jahr 1928, die auf dem Brocken den Beweis erbrachten, dass mittels Ultrakurzwellen Entfernungen von mehr als 100 Kilometern überbrückt werden können, genauer gesagt, sogar von 115 Kilometern. Über eine solche Entfernung konnten die ersten Versuchssendungen empfangen werden. Bis sich das UKW-Radio in Deutschland durchsetzte, sollte es aber noch dauern.

Erst 1949 wurde in Bayern der erste europäische UKW-Sender in Betrieb genommen, etwa drei Jahre später standen in Deutschland bereits 106 Sendeanlagen.

Zum Fernsehen allerdings stellt sich auch in der Ausstellung des Brockenhauses die Frage: Stand auf dem Brocken der erste Fernsehsender der Welt? Eine Frage, die nicht leicht beantwortet werden kann, weil sie auch eine Frage weitführender technischer Definitionen ist. Aber eines ist ganz sicher: Der Brocken war der erste „Fernsehberg" der Welt.

Richtig los ging es 1935, ein Jahr vor der Olympiade. Auch wenn es sich nur um einen Test handelte, der Einsatz war gewaltig. Für den Transport der Technik quälten sich zwölf Sattelschlepper den Berg hinauf. Der Probebetrieb dauerte einige Monate. Im Rathaus von Schierke hatte man einen Fernsehempfänger aufgestellt, und so konnte die Premiere von jedermann bestaunt werden. Die Techniker waren mit den Tests so zufrieden, dass man eilends mit Christian Ernst Fürst zu Stolberg-Wernigerode, dem Besitzer des Brocken-Areals, einen Vertrag abschloss, mit dem Ziel, einen festen Sender zu bauen. Die Arbeiten im darauffolgenden Jahr gingen rasch voran. Das Ergebnis konnte sich gut und vor allem weit sehen lassen: Der Turm war 52 Meter hoch. Die obersten Stockwerke waren aus Holz, die unteren aus Beton. Seine Fläche betrug 14 mal 16 Me-ter. Und weil ein Fernsehsender Strom, sogar sehr viel Strom braucht, verlegte man von Schierke eine 15-Kilovolt-Leitung auf die Brockenspitze. Auch wenn nach dem Krieg der Turm seinen hölzernen Aufbau verlor und zum Hotel mit Panoramacafé umgebaut wurde, gesendet wurde trotzdem.

Der schon von weitem sichtbare heutige Fernsehturm macht manche Menschen schon schwindelig, wenn sie nur von unten auf die Spitze schauen. Er ist mit einer Höhe von 123,5 Metern das höchste Bauwerk auf dem Brocken. Gebaut wurde er bis 1976 und zwar auf vier Beinen, durch die die Kabel gezogen sind und in denen sich auch der Eingang befindet – natürlich nur für die Techniker, Besucher müssen leider unten bleiben. Vor dem Fall der Mauer wurden vom Brocken fünf Rundfunkprogramme und die beiden Programme des Fernsehens der DDR ausgestrahlt. Das Fernsehprogramm konnte dank des Brockens auch in großen Teilen Westdeutschlands empfangen werden, bis Hamburg und Hannover.

Ein richtig Großer ist der Fernsehturm übrigens auch in anderer Hinsicht, denn neben dem Sender Wendelstein in Bayern gilt er als reichweitenstärkste und leistungsfähigste deutsche Sendeanlage im UHF-/VHF-Bereich. Man geht davon aus, dass er rund 25 Millionen Menschen erreicht. Die Reichweite eines Sendeturms ist nebenbei nicht nur von der Stärke des Senders abhängig, sondern auch von Sonnenaktivitäten

Im Brockenhaus gibt es eine Sammlung alter Technik, zu der auch diese Senderöhre für eine Leistung von 10 Kilowatt gehört.

Übrigens: Die weiße Kugel auf dem Brockenhotel, ein sogenanntes Radom, hat nichts mit Fernsehen oder Radio zu tun. Sie beherbergt eine Radaranlage der Deutschen Flugsicherung.

Während im alten Fernsehturm (rechts) heute die Gäste übernachten, sendet der jüngere pausenlos für Radio und Fernsehen.

und vom Wetter. Bei Invasionswetter, wenn die oberen Luftschichten wärmer sind als die unteren, waren die DDR-Programme sogar teilweise in Skandinavien zu empfangen.

Heute werden im digitalen Antennenfernsehen ARD-Programme sowie analoge und digitale Radioprogramme der öffentlich-rechtlichen und privaten Radiosender ausgestrahlt. Besitzer des umgebauten und nur noch 115 Meter hohen Fernsehturms ist die Deutsche Funkturm GmbH, ein Tochterunternehmen der Deutschen Telekom AG. Das Unternehmen plant, baut und vermarktet Antennenträger. Es betreut heute rund 500 Türme, 7.000 Maste und 16.000 Dachstandorte in Deutschland. Dazu zählt auch allerhand „Prominenz" unter den Antennenträgern in unserem Land: der Berliner Fernsehturm, der Europaturm in Frankfurt/Main oder der Düsseldorfer Rheinturm.

Das Militär erobert sich den Brocken

Als das „Tausendjährige Reich" weit vor seinem selbstgesetzten Verfallsdatum zugrunde ging und das Kriegsende nahe war, wurde der Brocken noch im letzten Moment zur Festung ausgebaut und folglich auch bombardiert.

Dann kamen die amerikanischen GIs und gingen auch bald wieder. Der Harz, halb in Sachsen-Anhalt, halb in Niedersachsen gelegen, fand sich nun mitten im Kalten Krieg wieder. Je mehr sich die Fronten politisch verhärteten, desto martialischer wurden die Grenzbefestigungen am Brocken.

In der ersten Zeit war der Harz ein gern genutztes Gebiet für den unerlaubten Grenzverkehr zwischen den verschiedenen Besatzungszonen. Einer der Wege führte auch über den Brocken. Auch aus diesem Grunde waren die ersten uniformierten Deutschen, die hier

Schaltpult des Telefunken-senders 1938

nach dem Krieg ihren Dienst aufnahmen, Volkspolizisten. Aber insgesamt blieb es ruhig. Bis auf die Touristen, zumindest jene aus Ostdeutschland. Sie fuhren bald wieder mit der Brockenbahn auf den Berg. Viele Tausende kamen – bis zum 13. August 1961, dem Tag, an dem die Grenzen zu Westberlin und zum Bundesgebiet geschlossen wurden.

Von einem Tag auf den anderen war der Brocken Sperrgebiet. Brockenhotel und Restaurant wurden geschlossen. Statt wandernde Touristen gab es hier nur noch die wachsamen deutschen Grenztruppen und sowjetische Armeeangehörige. Statt Kaffee und Kuchen gab es im Turmcafé jetzt Funkaufklärung nach Art der Staatssicherheit. Der Touristensaal wurde zum Lager für Baustoffe – denn gebaut werden sollte in den kommenden Jahre eine Menge. Abhöranlagen zum Beispiel, vor allem aber wurde die Brockenspitze eingemauert und das gleich doppelt. Zunächst wurde um den Berg ein weiträumiges Sperrgebiet eingerichtet, zeitweise reichte es so weit, dass sogar Ilsenburg betroffen war. Ab 1977 entstand dann eine 3,60 Meter hohe, festungsartige Mauer aus Beton. 2.318 Betonelemente, eines davon steht im Brockenhaus zur Ansicht, mit einem Gewicht von jeweils 2,4 Tonnen wurden Stück für Stück aneinandergereiht. Bis am Ende der Arbeiten, im Jahr 1985, ein 1,56 Kilometer langes Ungetüm den Brocken hermetisch abriegelte.

Innerhalb der Brockenmauer gab es ein weiteres eingezäuntes Gelände der sowjetischen Armee, das etwa ein Viertel der Fläche einnahm, und auf dem sich 100 Männer um die Anlagen zur Radarüberwachung kümmerten.

Die Mannschaften waren fest stationiert, lebten hier also das ganze Jahr über. Bei aller Faszination, die der Blick und das Wetter bieten, sicher war es vielen von

Außer Dienst: ein Grenzstein im Brockenhaus, in schlichtem Granit

... und dazu passend die Variante „Beton in Farbe"

Fotografieren war auf der Brockenspitze zu DDR-Zeiten selbstverständlich streng verboten – hier eine seltene historische Aufnahme der Brockenmauer.

In der Ausstellung des Brockenhauses finden sich auch Kleidung, Pokale, Plakate, Fahnen und Alltagsgegenstände von Soldaten.

Damit jeder wusste, was zu tun war, gab es für alle die gleichen Anweisungen.

Auch beim späteren Abbau der Mauerelemente zeigte sich der Hang der Geschichte zur Ironie. Die mit dem Abbau beauftragte Truppe baute einst die Brockenmauer.

ihnen vor allem sehr langweilig – Tag für Tag, Woche für Woche und Monat für Monat nur der Brocken.

Zu den auffälligsten und sicher auch spannendsten Einrichtungen gehörte ein schlanker und hoher Gittermast mit einer Richtfunkantenne. Sie war vor allem dafür gedacht, den Kontakt zu den Agenten der Staatssicherheit im Ausland zu halten. Von hier aus wurden Anweisungen gesendet und Botschaften empfangen. Dass die Kommunikation in beide Richtungen verschlüsselt war, versteht sich von selbst. Ebenfalls auffällig waren die vier weißen Kuppeln aus Kunststoff, die verschiedene Antennen und Parabolspiegel schützten, mit denen Funk- und Telefongespräche belauscht wurden. Mit einer Reichweite bis zum Ärmelkanal.

Auch das Brockenhaus entstand in den 1980er Jahren, als Abhörzentrale der Staatssicherheit. Im Schichtdienst hielten hier 28 Mitarbeiter die „Ohren" offen. Die sogenannte „Brockenmoschee" war über eine abhörsichere Direktleitung mit der Zentrale der Staatssicherheit in Berlin verbunden. Dass hier Fotografieren streng verboten war und dass es aus dieser Zeit von der Brockenspitze kaum Fotos gibt, ist leicht zu verstehen. Als die „Brockenmoschee" nach der Wende schließlich geöffnet wurde, war sie fast besenrein.

Es ist eine Ironie der Geschichte, dass die technische Ausrüstung wohl zu wichtigen Teilen aus dem Westen importiert worden war. Gerd Bochert, der ehemalige betriebliche Leiter des Brockenhauses nach der Wende, weiß zu berichten, dass die Antennenanlagen, Computer und Aufnahmegeräte aus der Bundesrepublik und den USA kamen. Nach dem Beschluss der DDR-Volkskammer zur Auflösung der Staatssicherheit im Jahr 1990 wurden sie in einer „Nacht-und-Nebel"-Aktion auf LKWs verladen und abtransportiert.

Es gab aber auch zivile Mitarbeiter auf der Brockenspitze, denn der Fernsehsender sendete natürlich auch nach dem Mauerbau weiter Radio- und Fernsehprogramme, und auch das Wetter wurde weiterhin beobachtet. Die Techniker durften aber nur auf vorgeschriebenen Wegen gehen. Alle auf der Brockenspitze stationierten Gruppen – zivile Funktechniker, Grenztruppen der DDR, sowjetische Armee, Staatssicherheit – blieben streng voneinander getrennt.

Genutzt hat das alles nichts und auch die viele Arbeit mit der Brockenmauer hätte man sich gut sparen können, denn am 3. Dezember 1989, kurz nachdem die Grenze in Richtung Westen geöffnet worden war, stand die Harzer Bevölkerung auf Initiative des Neuen Forums nach einem Sternmarsch vor der Brockenspitze. Zu Tausenden wollten sie hinein oder besser: die letzten Meter hinauf. „Macht das Tor auf!" war

der Ruf der Stunde, und er ertönte nicht ohne Erfolg.
Gegen Mittag gaben die Offiziere klein bei, und die
Menschen fluteten das Brockenplateau. Zum ersten
Mal seit 28 Jahren war der Brocken wieder in ziviler
Hand.

Heute besuchen Jahr für Jahr über eine Million
Menschen die Brockenspitze. Das Bild wird nicht mehr
bestimmt von Mauern, Stacheldraht oder Abhörtechnik,
sondern von Schulklassen, Eisenbahnfans und Freizeit-
sportlern. Die einzigartige Natur der Brockenspitze
erholt sich wieder.

Um sich zum Schluss noch einmal Heine zuzuwen-
den, der ja den Brocken einen Deutschen genannt hat:
Zu unserem Land gehört wohl auch der Hang zu sagen,
dass früher immer alles besser gewesen sei als heute.
Nun, der Brocken zeigt, dass es manchmal auch umge-
kehrt gehen kann.

Nicht nur in Berlin fiel 1989
die Mauer.

Impressum

Erschienen bei Edition Terra, einer Marke der terra press GmbH in Kooperation mit der **Brockenhaus gGmbH** Lindenallee 35, 38855 Wernigerode www.nationalpark-brockenhaus.de

© **terra press GmbH** Albrechtstraße 18, 10117 Berlin www.terra-press.de

1. Auflage 2012 ISBN 978-3-942917-04-9

Alle Rechte vorbehalten

Autor: Marc Dannenbaum
Layout, Grafiken und Karten: terra press GmbH
Druck: AZ Druck und Datentechnik GmbH
Gedruckt auf Novatech matt gestrichen, FSC zertifiziert, printed in Germany

Fotos: Marc Dannenbaum, S. 27 und 29 Pflanzen: Dr. Gunter Karste, S. 36 oben: Michal Valenta, S. 36 unten: Martin Bollmann, S. 37: Alena Badurova, S. 54 Hubschrauber: Wolfgang Schökel, S. 76 Archivbild (Gustav Witte): Verfasser nicht ermittelbar, S. 77 Brockenmauer: Gustav Witte, Rücktitel oben: Walter Wimmer

Alle Angaben in diesem Buch wurden nach bestem Wissen recherchiert. Sollten sich dennoch Fehler eingeschlichen haben, dankt der Verlag für jeden Hinweis.